Band 2

KAMI PRINT VERLAG
Peter Schießl

I0502942

Microsoft
WORD 2016
ZWEITER BAND
Schulungsbuch
mit Übungen

ÜBUNGSTEXTE ZU DIESEM BUCH
PER EMAIL ANFORDERN:
post@kamiprint.de

ISBN 978-1-097685-46-2
Print on Demand seit 2016 in verschiedenen Formaten
V241105 / Lindemann Group
Herausgeber: Lindemann BHIT, München
Postanschrift: LE/Schießl, Fortnerstr. 8, 80933 München
E-Mail: post@kamiprint.de Fax: 0049 (0)89 99 95 46 83
© Dipl.-Ing. (FH) Peter Schießl, München
www.lindemann-beer.com / www.kamiprint.de

Inhaltsverzeichnis

INHALTSVERZEICHNIS..........*65*

13. Ein Inhaltsverzeichnis   67

14. Kopfzeile, Abschnittswechsel   77

15. Fußnoten   81

1. Vorwort

Der Aufbau dieser dreigeteilten Buchreihe soll es Ihnen ermöglichen, MS Word sehr gut und ohne die oft üblichen Frustrationserlebnisse Schritt für Schritt zu erlernen.

Denn dass mit Word sehr vieles möglich ist, haben Sie schon im ersten Band gesehen, etwa bei WordArt, Tabellen und Tabulatoren oder den unterschiedlichen Farben für Text oder Rahmen. Gerade weil Word so außerordentlich viele Möglichkeiten bietet, muss bei der Schulung besonders systematisch vorgegangen werden.

1.1 Die drei Stufen zur Wordheit

1. Buch	2. Buch	3. Buch
Einführung in Word Bedienung und Programmaufbau, grundlegende Textverarbeitung (Schrift- und Absatzeinstellung), Text gestalten mit Rahmen, Farbe, Nummerierungen und Aufzählungen, Tabulatoren und Tabellen, Rechtschreibprüfung, Silbentrennung, WordArt …	Textverarbeitung für Fortgeschrittene mit Formatvorlagen, Kopfzeilen, Fußnoten, Inhaltsverzeichnis, Vertiefung der Grundfunktionen, Zeichnen, Grafiken einfügen, Tabellen, Suchen und Ersetzen, Visitenkarten, Serienbriefe und Etiketten.	Word für Spezialisten: Unterschiedliche Kopf- oder Fußzeilen in einem Text, Inhaltsverzeichnis anpassen, Index, automatische Nummerierung, eigene Wörterbücher erstellen, rationelles Arbeiten mit Shortcuts, Satzgrundlagen, umfangreiche Dokumente aufteilen, weitere Makros …
Kursziel: kurze Texte ansprechend gestalten, z.B. einen Geschäftsbrief oder eine Geburtstagseinladung.	Kursziel: längere Texte effektiv bearbeiten und gestalten, z.B. einen Geschäftsbericht oder ein dreispaltiges Rundschreiben.	Kursziel: Broschüren, Präsentationen oder Doktorarbeiten mit Index und unterschiedlichen Kopfzeilen perfekt gestalten.

Beachten Sie unsere Sonderausgaben (Lieferbarkeit s. unsere Webseite):

- ◆ Serienbriefe/Etiketten*. Der jeweilige Stoff wurde aus Band 2 und 3 zusammengestellt und durch zusätzliche Übungen erweitert.

- ◆ Wie Webseiten* mit Word erstellt werden können, ist in unserem Buch „Eine Homepage mit MS Word XX erstellen[1]" beschrieben.

1.2 Über diesen Band

- Textverarbeitung für Fortgeschrittene heißt, dass umfangreiche Texte bearbeitet werden. Das wichtigste Thema dieses Bandes sind darum

  - die Formatvorlagen als unerlässliche Grundlage, um längere Texte zu formatieren (=einzustellen). Außerdem kann ein automatisches Inhaltsverzeichnis nur mittels Formatvorlagen generiert werden.

- Für den täglichen Umgang lohnt es sich, Word individuell einzustellen, z.B. neue Symbole ergänzen oder die automatische Speicherung oder den vorgesehenen Speicherort anzupassen usw.

- Und dann interessieren natürlich die praktischen Funktionen, die für professionelle Dokumente unerlässlich sind:

  - Inhaltsverzeichnis automatisch erstellen, Kopfzeilen einrichten, automatische Seitennummerierung, Fußnoten, Quellenangaben, ein Makro, Serienbriefe, Etiketten usw.

> In diesem Buch wird mehr beschrieben, als in einem Kurs durchgenommen werden kann. Formatvorlagen, Kopf- und Fußzeilen, Fuß- und Endnoten, Querverweise sowie Serienbriefe/Etiketten sollten das Grundgerüst sein.

1.3 Prüfen Sie Ihr Wissen

Beantworten Sie folgende Fragen, damit Sie wissen, welcher Kurs, bzw. welches Buch für Sie optimal ist:

- Können Sie einen Geschäftsbrief schreiben und dabei die Schriftart und -größe einstellen? Haben Sie schon einmal einen Absatz in einen Rahmen gesetzt oder die Textfarbe geändert? Tabellen und Tabulatoren sind für Sie kein Problem?

  - Diese Grundlagen werden in Band 1 behandelt. Beherrschen Sie diese Funktionen, dann sind Sie hier bei Band 2 richtig.

- Sie können bereits mit Formatvorlagen einen mehrseitigen Text neu formatieren? Sie haben schon ein Inhaltsverzeichnis erfolgreich erstellt und angepasst? Sie kennen sich mit Fuß- und Endnoten sowie Suchen und Ersetzen aus, wissen wie Grafiken eingefügt und wie die Symbolleisten angepasst werden können?

  - Dann wird Band 3[1] für Sie sehr interessant sein.

Notizen:
....
....
....
....
....

---

[1] Sobald lieferbar, werden die Bücher auf www.amazon.de angeboten.

Erster Teil

Formatvorlagen

der Schlüssel zu professioneller Textverarbeitung

Die Übungstexte müssen Sie nicht schreiben. Fordern Sie die Übungstexte per Email an: post@kamiprint.de. Dabei bitte den bei der Bestellung angegebenen Namen sowie die Plattform, über welche dieses Buch bestellt wurde, angeben.

2. Formatvorlagen

2.1 Was sind Formatvorlagen

Im ersten Band haben Sie gelernt, mit Word umzugehen und kurze Texte von Hand einzustellen.

♦ Diese Methode ist bei längeren Texten zu umständlich. Bei einem 30-Seiten-Bericht mit 22 Überschriften müssten Sie jede Überschrift markieren und eine größere Schrift, fett, Nummerierung, Abstand vor/nach einstellen.

   ✎ Eine zeitraubende Angelegenheit, wenn es nicht die Formatvorlagen gäbe.

♦ Denn diese Formatierungen brauchen nur einmal in der sogenannten Formatvorlage abgespeichert zu werden.

♦ Die Formatvorlagen werden anschließend den Absätzen zugewiesen und alle Einstellungen sind da.

Dabei macht man sich zunutze, dass jeder Text in der Regel aus den gleichen Elementen aufgebaut ist:

♦ Titel auf dem Titelblatt,

   ✎ Die Titelseite kommt nur einmal vor. Hier sind Formatvorlagen darum gänzlich unnötig, so dass alles weiterhin von Hand eingestellt werden kann (markieren und einstellen).

Der eigentliche Text besteht in der Regel aus mehreren Überschriften und dem Text dazwischen, z.B.:

♦ Überschrift 1 = Kapitelüberschrift,

♦ Überschrift 2 = Unterüberschrift,

♦ Überschrift 3 = kleine Unterüberschrift,

♦ Standard = der normale Schreibtext.

Zusätzlich gibt es in jedem Text einige speziell formatierte Absätze für Aufzählungen, Zitate oder besonders hervorzuhebenden Text:

♦ Zitat oder Eingerückt für Text, der hervorgehoben werden soll.

Das sind gleich die Namen der Formatvorlagen, so dass z.B. die Formatvorlage Überschrift 1 nur einmal eingerichtet und während dem Schreiben allen Hauptüberschriften zugewiesen wird. Weitere Vorlagen können nach Belieben ergänzt werden.

Vorteile der Formatvorlagen:

♦ Selbst beliebig lange Texte können mit geringstem Aufwand jederzeit anders formatiert werden!

   ↳ Nur dadurch ist ein gutes Design oder die Anpassung auf andere Druckmedien überhaupt möglich.

   ↳ Wünschen Sie z.B. eine andere Schrift für die Kapitelüberschriften, so wird die Änderung nur einmal in der Formatvorlage Überschrift 1 eingestellt und alle Überschriften sind im ganzen Text einheitlich geändert!

> Unterschiedliche Einstellungen, z.B. weil Sie einen Absatz übersehen oder nach einigen Seiten die Einstellungen nicht mehr richtig im Kopf haben, werden vermieden.

Formatvorlagen gibt es in jedem besseren Textverarbeitungsprogramm, allerdings mit unterschiedlichen Namen, z.B.: Stile, Druckformate, Absatzlayout usw.

2.2 Formatvorlagen und Absatz

Formatvorlagen gelten in der Regel für einen Absatz. Der nächste Absatz kann die gleiche oder eine andere Formatvorlage erhalten.

Deshalb ist nun die Unterscheidung zwischen

♦ Absatzmarke (¶ durch [Return]) und

♦ Zeilenschaltung (↵ [Umschalt]-[Return]) überaus wichtig,

so dass Sie die Absatzmarken (¶) sichtbar schalten sollten:

♦ mit dem Symbol oder auf der Karteikarte Datei/Optionen, dann zu Anzeige:

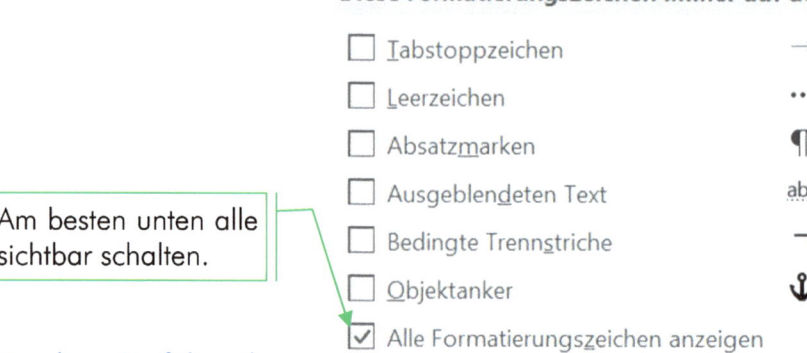

Diese Formatierungszeichen immer auf dem Bildschirm anzeigen

☐ Tabstoppzeichen   →
☐ Leerzeichen   ···
☐ Absatzmarken   ¶
☐ Ausgeblendeten Text   abc
☐ Bedingte Trennstriche   ¬
☐ Objektanker   ⚓
☑ Alle Formatierungszeichen anzeigen

Am besten unten alle sichtbar schalten.

Beachten Sie folgendes:

♦ Wurde Text markiert, gelten Formatvorlagen für den markierten Text.

♦ Wenn jedoch nur der Cursor in dem Absatz blinkt, aber kein Text markiert ist, gilt die Formatvorlage automatisch für den ganzen Absatz!

> Darum auf keinem Fall Text markieren, wenn Sie eine Formatvorlage zuweisen!

2.3 Übung Formatvorlagen

Die Übungstexte können Sie formlos per Email anfordern: post@kamiprint.de.

➢ Öffnen Sie die Datei Vorlagen.

2.3.1 Speichern

Da dieses Dokument aus einer externen Quelle stammt, ist als zusätzlicher Schutz vor Viren und Malware Bearbeiten zunächst nicht möglich.

➢ Aktivieren Sie Bearbeiten (gelbe Meldung oben im Word).

Speichern Sie frühzeitig:

➢ Damit Sie die Original-Übung nicht überschreiben, um z.B. später noch einmal neu anfangen zu können, wählen Sie Datei-Speichern unter und geben einen anderen Speicherort an, z.B. einen neu erstellten Ordner „Übungen Word 2016 - Zweiter Band" als Unterordner in Ihrem Dokumente-Ordner.

2.3.2 Formatvorlagen zuweisen

➢ Den Titel von Hand einstellen. Da dieser nur einmal vorkommt, bietet eine Formatvorlage keinen Vorteil. Also einfach markieren, große Schrift und evtl. eine andere Schriftart wählen.

Die Formatvorlagen Standard, Überschrift 1, 2 und 3 gibt es bereits bei diesem und bei fast jedem anderen Text. Die Formatvorlagen für die Überschriften brauchen nur zugewiesen zu werden. Das geht sehr einfach:

➢ Klicken Sie einmal in die erste Überschrift.

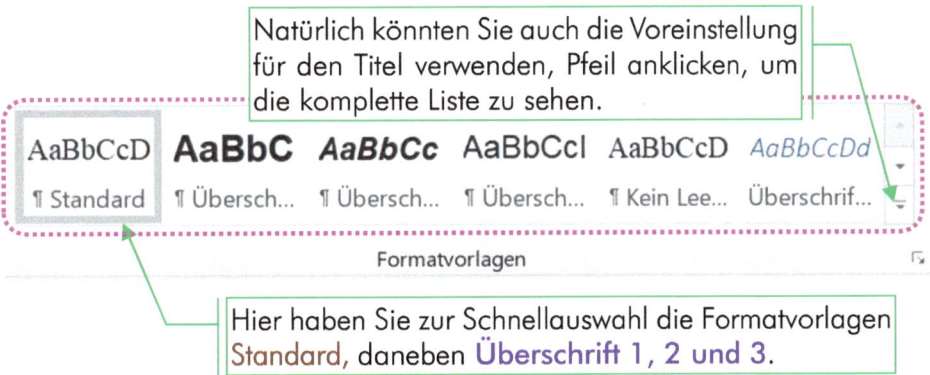

Natürlich könnten Sie auch die Voreinstellung für den Titel verwenden, Pfeil anklicken, um die komplette Liste zu sehen.

Hier haben Sie zur Schnellauswahl die Formatvorlagen Standard, daneben Überschrift 1, 2 und 3.

Wählen Sie Überschrift 1. Automatisch übernimmt der Text die Einstellungen der Formatvorlage Überschrift 1 und müsste folgendermaßen aussehen:

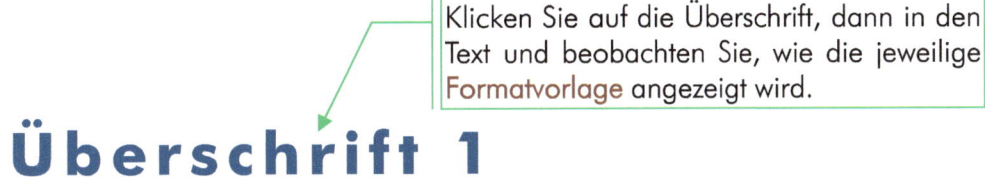

Klicken Sie auf die Überschrift, dann in den Text und beobachten Sie, wie die jeweilige Formatvorlage angezeigt wird.

Überschrift 1

Text - Text -

Text - Text - Text - Text - Text - Text - Text - Text - Text - Text - Text - Text - Text -
Text - Text - Text - Text - Text - Text - Text - Text - Text - Text - Text - Text - Text -
Text - Text - Text - Text - Text - Text - Text - Text - Text - Text - Text - Text - Text -
Text - Text - Text - Text - Text - Text - Text - Text - Text - Text - Text - Text - Text -
Text - Text - Text - Text - Text - Text -

➢ Weisen Sie den Überschriften im restlichen Text die Formatvorlagen
Überschrift 1, 2 und 3 zu (beachten Sie die im Übungstext eingeklammerten Hinweise).

2.3.3 Formatvorlagen einstellen

Damit haben wir die voreingestellten Formatvorlagen zugewiesen. Jetzt werden wir diese anders einstellen.

➢ Die Überschrift1 anklicken, da wir deren Formatvorlage anders einstellen wollen.

> Hinweis: es ist besser, zuerst den Absatz anzuklicken, dessen Formatvorlage geändert werden soll. Dann kann nicht versehentlich eine andere Formatvorlage bearbeitet werden, weil die richtige Formatvorlage bereits in dem Menü ausgewählt ist.

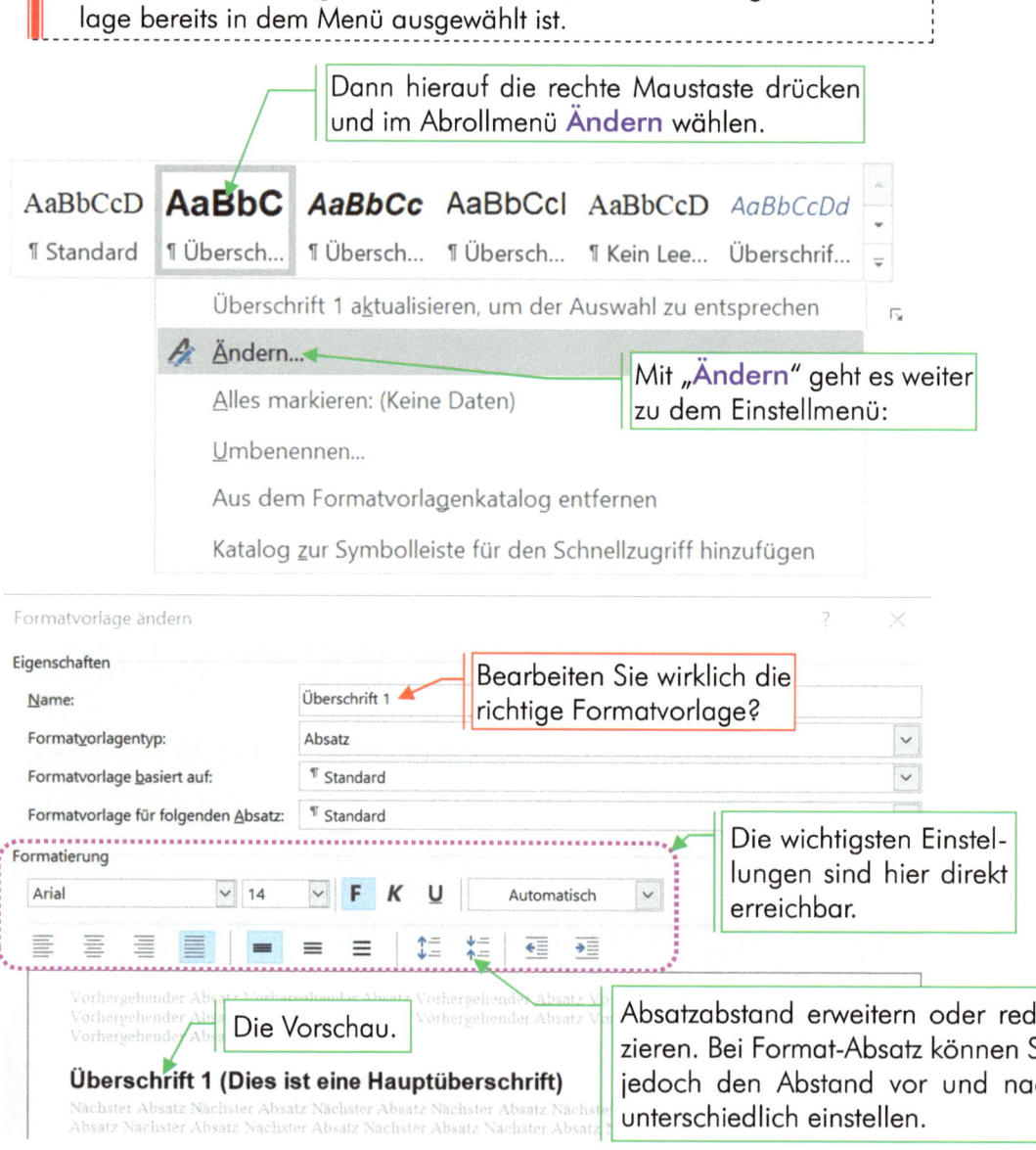

Dann hierauf die rechte Maustaste drücken und im Abrollmenü Ändern wählen.

Mit „Ändern" geht es weiter zu dem Einstellmenü:

Bearbeiten Sie wirklich die richtige Formatvorlage?

Die wichtigsten Einstellungen sind hier direkt erreichbar.

Die Vorschau.

Absatzabstand erweitern oder reduzieren. Bei Format-Absatz können Sie jedoch den Abstand vor und nach unterschiedlich einstellen.

Unten im Absatz-Menü werden die aktuellen Einstellungen angezeigt:

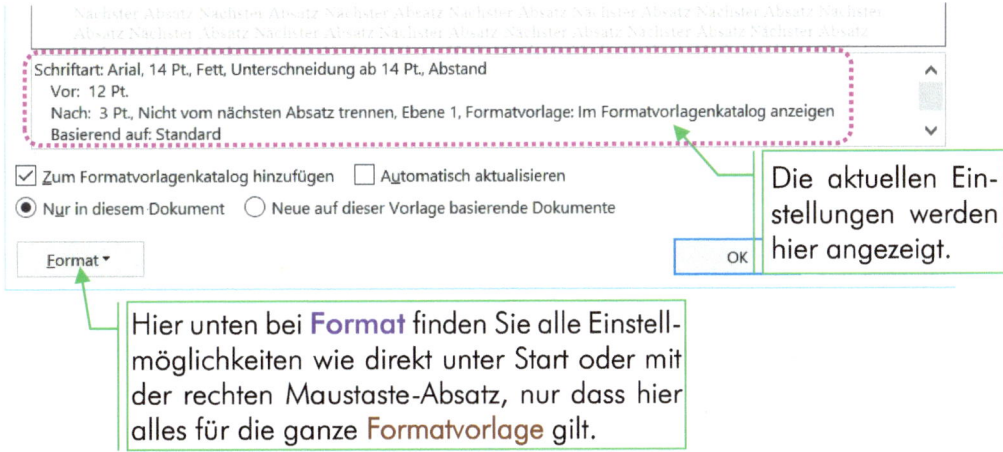

Hier unten bei **Format** finden Sie alle Einstell-möglichkeiten wie direkt unter Start oder mit der rechten Maustaste-Absatz, nur dass hier alles für die ganze **Formatvorlage** gilt.

Die aktuellen Einstellungen werden hier angezeigt.

Bei der Schaltfläche Format erscheint dieses Abrollmenü:

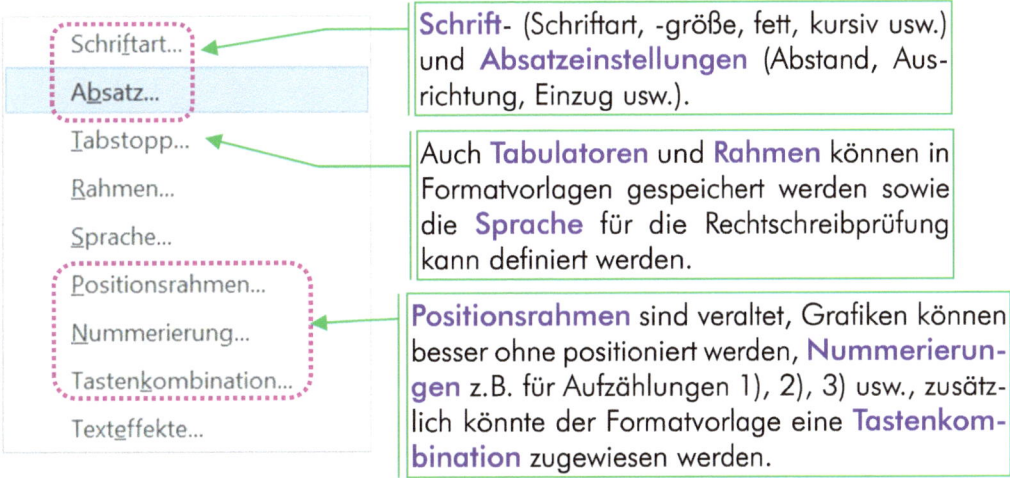

Schrift- (Schriftart, -größe, fett, kursiv usw.) und **Absatzeinstellungen** (Abstand, Ausrichtung, Einzug usw.).

Auch **Tabulatoren** und **Rahmen** können in Formatvorlagen gespeichert werden sowie die **Sprache** für die Rechtschreibprüfung kann definiert werden.

Positionsrahmen sind veraltet, Grafiken können besser ohne positioniert werden, **Nummerierungen** z.B. für Aufzählungen 1), 2), 3) usw., zusätzlich könnte der Formatvorlage eine **Tastenkombination** zugewiesen werden.

Stellen Sie die Formatvorlage Überschrift 1 folgendermaßen ein:

➢ **Schrift** Arial Black, 22 pt, gesperrt 2pt (Schriftart…, sperren geht dort auf der Karteikarte Zeichenabstand), Textfarbe dunkelblau,

➢ **Absatzabstand** vor 24 pt, nach 6 pt (Absatz…), hier auch auf den Zeilenabstand „Einfach" umschalten,

➢ **Linie** unten mit Abstand 3 pt (Rahmen…, den Abstand bei Optionen), ebenfalls dunkelblau.

➢ **Löschen** Sie den Hinweistext: (Dies ist eine Hauptüberschrift).

➢ **Schließen** Sie das Menü, blättern Sie den Text durch und beobachten Sie, wie alle Absätze mit der Formatvorlage **Überschrift 1** einheitlich geändert wurden.

Diese Formatierungen wurden im ersten Band detailliert beschrieben.

➢ Stellen Sie nun auch für die Formatvorlage **Standard** (=die normalen Textabsätze) eine andere Schriftart, Schriftgröße und Farbe ein und begutachten Sie die Auswirkungen.

Bitte vergegenwärtigen Sie sich:

♦ Bisher haben Sie mit rechte Maustaste/Schriftart, -Absatz usw. den vorher markierten Text „von Hand" geändert. Die gleichen Einstellmöglichkeiten finden Sie hier, jedoch gelten die Änderungen für die Formatvorlage, somit für alle Textabsätze mit dieser Formatvorlage.

> Egal, wie lang Ihr Text ist, Sie können mit den Formatvorlagen jederzeit alle Absätze einheitlich ändern.

2.4 Ausnahmen erlaubt

Aber auch Ausnahmen sind möglich.

♦ Sie können jeden Absatz weiterhin markieren und anders einstellen.

    ↳ Dann werden jedoch diese Einstellungen nicht mehr bei Änderungen in der Formatvorlage aktualisiert.

> Folglich sollten Sie es möglichst vermeiden, Absätze noch von Hand (markieren und einstellen) zu ändern.

Nur wenn „Automatisch aktualisieren" angekreuzt ist, lassen sich keine Ausnahmen einstellen, da jede Einstellung automatisch für die ganze Formatvorlage gilt. Das wird im nächsten Hauptkapitel beschrieben.

2.5 Formatvorlage basiert auf

Damit die Einstellarbeit noch etwas rationeller geht, können Formatvorlagen sogar aufeinander aufgebaut werden. Die untergeordneten Formatvorlagen erhalten zunächst alle Einstellungen der Hauptvorlage. Praktisch z.B., um zwei Formatierungslinien aufzubauen, eine für die Überschriften, eine für alle Textabsätze.

♦ Dann ist bei den Überschriften z.B. nur die Schriftgröße und der Abstand bei jeder untergeordneten Überschrift etwas kleiner einzustellen.

    ↳ Wenn Sie bei der Überschrift 1 eine andere Schrift wählen, wird diese ebenfalls bei den untergeordneten Formatvorlagen für die Überschriften geändert.

    ↳ Wenn Sie bei der Überschrift 2 eine andere Schrift wählen, gilt diese nur für Überschrift 2 und bei späteren Änderungen der Schrift für die Formatvorlage Überschrift 1 wird Überschrift 2 nicht mit geändert.

2.6 Das praktische an den Formatvorlagen

♦ 1 gleich 1000! Sie brauchen nur einmal die Formatvorlage zu ändern, und alle Absätze mit dieser Formatvorlage werden aktualisiert. Die Voraussetzung, um längere Texte zu gestalteten. Fehler durch vergessene, nicht geänderte Absätze lassen sich so vermeiden.

♦ Formatieren Sie möglichst nur noch über Formatvorlagen! Einzelfälle können weiterhin von Hand eingestellt werden. Diese Ausnahmen bleiben bestehen, wenn Sie die Formatvorlage ändern!

3. Aufbauen und aktualisieren

3.1 Formatvorlagen aufbauen

➢ Jetzt Überschrift 2 im Text zuweisen und wieder das Menü für die Formatvorlagen aufrufen, diesmal aber mit einer kleinen Änderung:

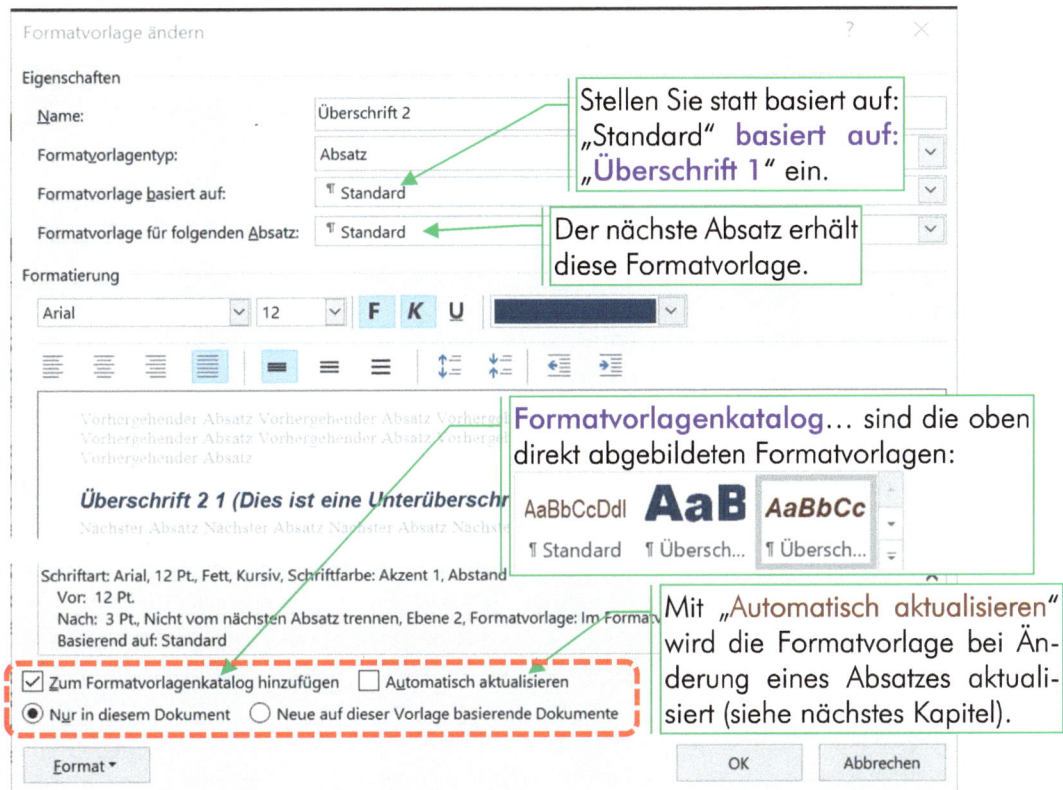

Mit „Formatvorlage basiert auf: Überschrift 1" werden alle Einstellungen von der Formatvorlage Überschrift 1 übernommen.

◆ Wenn Sie später eine andere Schrift für Überschrift 1 wählen, wird die Schrift automatisch bei den Überschriften 2, 3 usw. übernommen, da diese auf der Überschrift 1 aufbauen.

➢ So müssen nur die Unterschiede zwischen den Überschriften eingestellt werden.

Damit haben wir zwei Formatvorlagen-Linien, da in der Regel eine Schrift für den Text und eine dickere für die Überschriften verwendet wird:

↳ Überschrift 1 – Überschrift 2 ... (basierend auf Überschrift 1),
↳ Standard – Zitat – Aufzählung (basierend auf Standard).

Formatieren Sie die Überschriften:

➢ Stellen Sie die für die Formatvorlagen Überschrift 2 und 3 ein jeweils etwas kleinere Schrift ein und schalten Sie die Unterstreichung ab.

➢ Als letztes stellen Sie den Text über die Formatvorlage Standard ein: andere Schrift, 11 pt, Blocksatz, einzeilig, Abstand vor und nach 3 pt.

3.2 Formatvorlage für folgenden Absatz

Wenn bei „Formatvorlage für folgenden Absatz" die Formatvorlage Standard gewählt ist, wird nach Return automatisch Standard zugewiesen. In der Regel folgt nach einer Überschrift ein normaler Textabsatz, so dass Sie sich die manuelle Änderung der Formatvorlage sparen.

3.3 Automatisch aktualisieren

Diese Funktion (Abb. siehe vorige Seite) kann den Weg zu dem Menü Formatvorlage ersparen. Ist dies eingestellt und Sie ändern einen Absatz im Text, so wird diese Änderung automatisch in die Formatvorlage übernommen. Damit sind alle anderen Absätze mit dieser Formatvorlage ebenfalls geändert.

> Ausnahmen für einen einzelnen Absatz sind mit dieser Einstellung nicht mehr möglich, z.B. wenn eine besonders lange Überschrift etwas gestaucht werden soll.

➢ Ausprobieren: bei den Überschriften automatisch aktualisieren aktivieren und dann Überschriften manuell ändern.

➢ Kontrollieren Sie, ob die automatische Silbentrennung aktiviert ist: Layout-Silbentrennung.

3.4 Neue auf dieser Vorlage basierende Dok.

Jedem Dokument liegt eine Dokumentvorlage zugrunde, eine Datei mit dem Namen normal.dotx. Bei jedem neuen Dokument werden die Anfangseinstellungen (Schriftart, Formatvorlagen usw.) aus dieser Datei entnommen.

☑ Zum Formatvorlagenkatalog hinzufügen   ☐ Automatisch aktualisieren
◉ Nur in diesem Dokument   ◯ Neue auf dieser Vorlage basierende Dokumente

Mit „Neue auf dieser Vorlage basierende Dokumente" werden Änderungen in die Dokumentvorlage normal.dotx übertragen und gelten für alle Dokumente, die Sie später neu beginnen.

♦ Rückwirkend wird kein Text geändert, denn dies hätte katastrophale Auswirkungen, wenn alle bereits existierenden Texte geändert würden.

Eine einfachere, aber praxisbewährte Möglichkeit, ohne Dokumentvorlagen auszukommen, ist die Methode mit Speichern unter.

♦ Das erste Dokument, z.B. den ersten Brief perfekt einstellen, dann bei dem zweiten Brief das erste Dokument öffnen und mit Datei-Speichern unter sofort unter anderem Namen speichern.

↳ Damit haben Sie eine Kopie mit identischen Einstellungen, die Texte können überschrieben werden.

4. Weitere Formatvorlagen

4.1 Eine neue Formatvorlage

Jetzt kommt das Zitat, für das es noch keine Formatvorlage gibt.

> ➤ Formatieren Sie einen Absatz Zitat wie gewohnt von Hand:
> > ➤ kursiv, Textfarbe dunkelrot,
> > ➤ Eingerückt links und rechts um einen Zentimeter (Lineal),
> > ➤ Abstand vor und nach 18 pt, Zeilenabstand einfach,
> > ➤ Rahmen mit Schatten, Abstand zum Text 3 pt (Optionen), Farbe rot,
> > ➤ feine Doppellinie, 5% Füllung (Karteikarte Schattierung bei Muster).

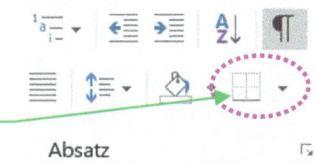

Hier ganz unten „Rahmen und Schattierung" wählen, um in das Einstellmenü zu gelangen.

> ➤ Wenn fertig, mit dem Erweiterungspfeil bei Formatvorlagen das Menü öffnen und dort die Schaltfläche unten „Neue Formatvorlage":

> ➤ Im erscheinenden Fenster als Name MeinZitat eintragen, da der einge-stellte Absatz angeklickt war, ist die neue Formatvorlage bereits einge-richtet und kann denn anderen Zitaten über die Schnellformatvorlagen-leiste oben im Word zugewiesen werden.

Nach einem Zitat folgt in der Regel weiterer Text. Darum rechte Maus-taste, ändern und für den folgenden Absatz Standard wählen.

> ➤ Formatieren Sie den Text mittels Formatvorlagen weitgehend fertig.

Hinweis: eine Formatvorlage wird nur einmal neu erstellt, dann kann diese beliebig oft zugewiesen oder geändert werden. Jetzt also nicht mehr neu erstellen, nur die gerade erstellte Formatvorlage MeinZitat den anderen Zitaten zuweisen!

Überschrift 2

Text - Text -

> *Zitat - Zitat*

Text - Text -

Dr. K. H. Beispiel

Dieser Absatz kommt nur einmal vor, deshalb das Symbol rechtsbündig drücken (=von Hand formatieren).

4.2 Existierende Formatvorlagen

Wir wollen eine Aufzählung mittels Formatvorlage erstellen.

> ➢ Suchen Sie im Übungstext die Aufzählungsabsätze und versuchen Sie, eine neue Formatvorlage namens Aufzählungszeichen zu erstellen.

> ↳ Pech gehabt, Word meldet, dass diese Formatvorlage schon existieren soll, obwohl sie nicht angezeigt wird.

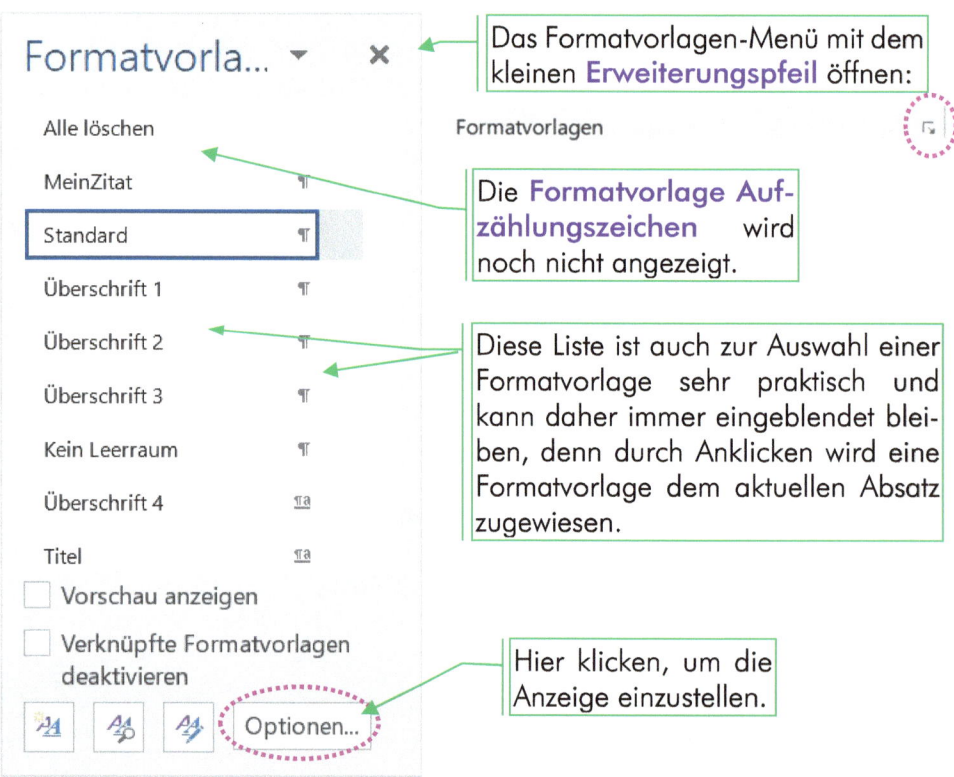

Das Formatvorlagen-Menü mit dem kleinen Erweiterungspfeil öffnen:

Formatvorlagen

Die Formatvorlage Aufzählungszeichen wird noch nicht angezeigt.

Diese Liste ist auch zur Auswahl einer Formatvorlage sehr praktisch und kann daher immer eingeblendet bleiben, denn durch Anklicken wird eine Formatvorlage dem aktuellen Absatz zugewiesen.

Hier klicken, um die Anzeige einzustellen.

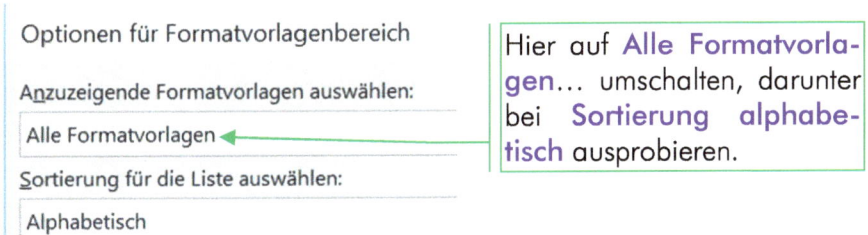

Optionen für Formatvorlagenbereich

Anzuzeigende Formatvorlagen auswählen:

Alle Formatvorlagen ◄—

Sortierung für die Liste auswählen:

Alphabetisch

Hier auf **Alle Formatvorlagen**… umschalten, darunter bei **Sortierung alphabetisch** ausprobieren.

Fazit: in Word sind bereits mehr Formatvorlagen angelegt. Damit es nicht zu unübersichtlich wird, werden normalerweise nur die **empfohlenen** oder **benutzten Vorlagen** angezeigt.

Normalerweise sollten nur die **im aktuellen Dokument verwendeten Formatvorlagen angezeigt werden**, damit die Auswahl möglichst übersichtlich ist.

> ➢ Schalten Sie „**Alle Formatvorlagen**" ein und weisen Sie die Formatvorlage **Aufzählungszeichen** einem Aufzählungsabsatz zu.

> ➢ Schalten Sie anschließend wieder zurück auf Anzeigen: „**Im aktuellen Dokument**". Jetzt wird auch diese Formatvorlage angezeigt, da im Text benutzt.

> ➢ Weisen Sie die Formatvorlage den anderen Aufzählungsabsätzen zu.

Das war gut zur Übung, vor allem, um die weiteren, bereits vorhandenen Formatvorlagen kennenzulernen.

Im Menü können die Formatvorlagen zugewiesen oder geändert werden:

Löscht die Formatierungen für den aktuellen Absatz oder markierten Text.

Zum **Einstellen rechte Maustaste** auf einer Formatvorlage drücken und „**Ändern**" wählen.

Zum **Zuweisen** den Cursor in den Absatz setzen, dann hier die gewünschte Formatvorlage mit der linken Maustaste anklicken.

Hier wurde bei Optionen auf Anzeige: **Im aktuellen Dokument** und alphabetisch sortiert umgeschaltet.

Vorschau: statt Liste Anzeige formatierter Textbeispiele.

Der **Formatinspektor**, eine Auswahl von Aktionen für Formatvorlagen.

Neue Formatvorlagen erstellen.

Ein umfangreiches Menü zum Verwalten der Formatvorlagen.

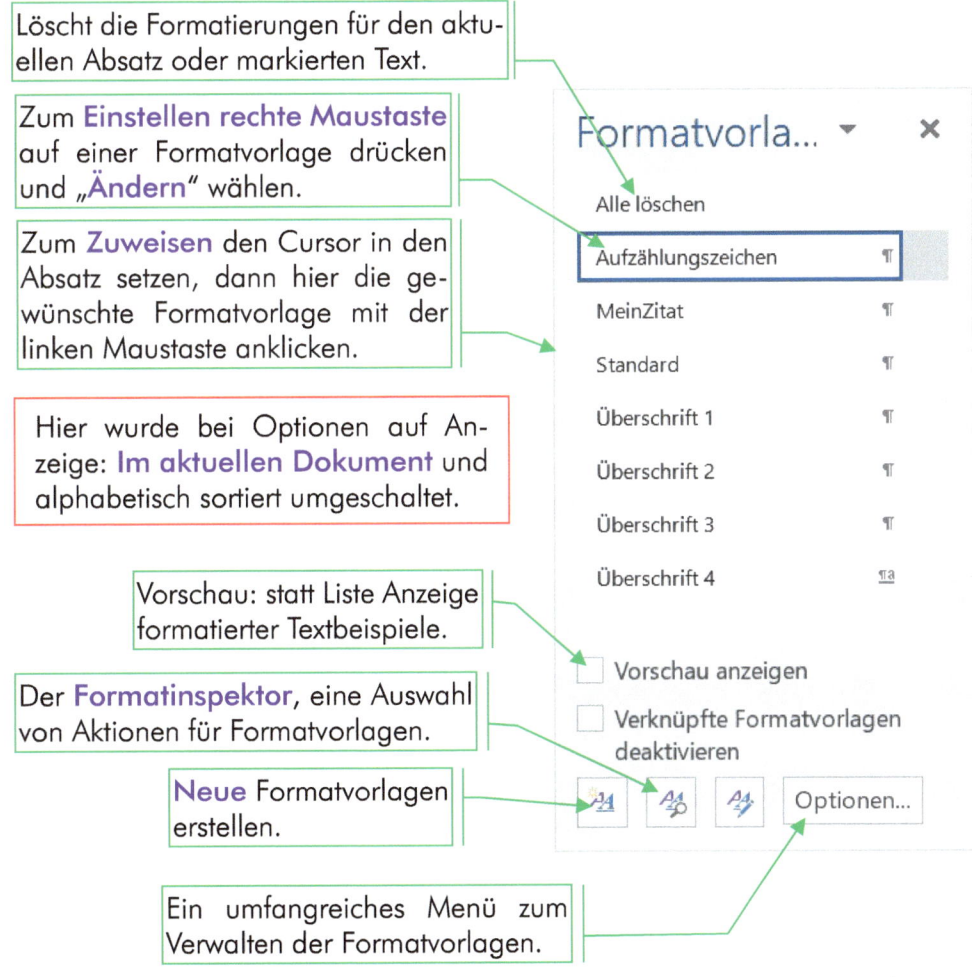

4.3 Der Formatinspektor

Im Formatinspektor wird angezeigt, ob manuelle Einstellungen vorgenommen wurden, welche hier auch zurückgesetzt werden könnten, was jedoch mit [Strg]-[Leertaste] auch gehen würde.

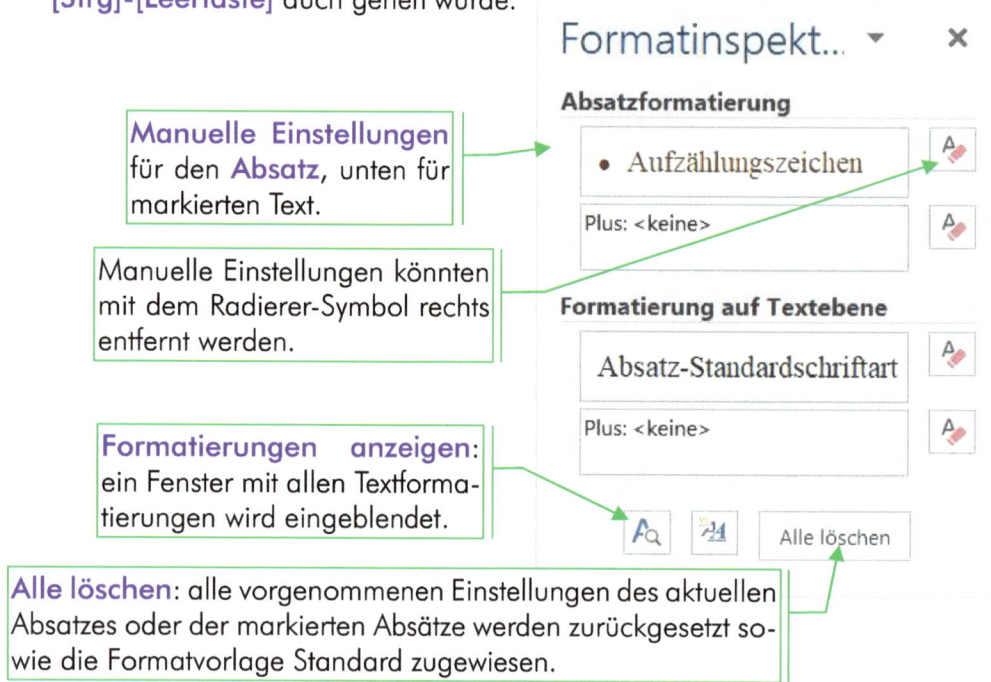

Manuelle Einstellungen für den Absatz, unten für markierten Text.

Manuelle Einstellungen könnten mit dem Radierer-Symbol rechts entfernt werden.

Formatierungen anzeigen: ein Fenster mit allen Textformatierungen wird eingeblendet.

Alle löschen: alle vorgenommenen Einstellungen des aktuellen Absatzes oder der markierten Absätze werden zurückgesetzt sowie die Formatvorlage Standard zugewiesen.

4.4 Hyperlink

Wir wollen einen Hyperlink auf einen Text im Internet erstellen.

➢ Schreiben Sie am Textende „Weitere Informationen finden Sie im Internet unter: www.kamiprint.de". Sobald Sie weiterschreiben wollen, weist MS Word automatisch einen Hyperlink und die Formatvorlage Hyperlink zu.

   ✎ Wenn Sie bei gedrückter [Strg]-Taste den Hyperlink anklicken, wird der Internet Explorer gestartet und diese Webseite geöffnet.

4.5 Rahmen und Linien einrücken

Die Linie bei der Überschrift 1 soll nur so lang wie der Text der Überschrift sein. Rahmen und Linien können Sie zwar auch für eine Formatvorlage einstellen, jedoch nur so breit wie der ganze Absatz.

➢ Schalten Sie bei Überschrift 1 im Formatvorlagenmenü die Rahmenlinie ab und wählen Sie stattdessen bei Schriftart eine Unterstreichung:

➢ Stellen Sie den Titel manuell ohne Formatvorlage ein: Rahmen zuweisen, im Lineal links und rechts passend einrücken.

Übung Formatvorlagen

➢ Schließen und speichern Sie den ersten Übungstext Vorlagen.

5. Besondere Formatvorlagen

Jetzt kommen wir zu den speziellen Absätzen. Neben den Überschriften und dem normalen Text sind meistens einige Sonderfälle, z.B. wie das Zitat in unserer Übung oder Aufzählungen, Merksätze, Übungen usw. vorhanden. Natürlich lohnt es sich nur, eine Formatvorlage zu erstellen, wenn ein Absatz mit diesen Einstellungen mehrmals im Text vorkommt.

Doch dann ist es von großem Vorteil, eine Formatvorlage zu verwenden. Denn auch wenn Sie nur drei Zitate in einem Text haben, können Sie sich meist einige Seiten weiter nicht mehr exakt an die Einstellungen erinnern. Kein Problem mit den Formatvorlagen.

5.1 Hängender Absatz

Neben den erwähnten Formatvorlagen für die Überschriften, den Text und dem Zitat ist ein hängender Absatz sehr häufig. Alle weiteren Zeilen hängen an der ersten Zeile. Ein klassischer Anwendungsfall sind z.B. Quellenangaben, weil nach dem Namen leichter gesucht werden kann.

➢ Öffnen Sie den Übungstext Besondere.

➢ Weisen Sie dem Titel die Formatvorlage Überschrift 1 zu, dann dem Literaturverzeichnis Überschrift 2. Geht auch schnell mit den Shortcuts [Alt]-1, 2, oder 3 für Überschrift 1, 2 und 3.

Sie haben mehrere Möglichkeiten, einen hängenden Absatz einzustellen:

◆ Rechte Maustaste auf dem Absatz, dann Absatz wählen

◆ oder eine Formatvorlagen ändern, dann im Formatvorlagen-Menü bei Format/Absatz (vgl. S. 19).

◆ Wie im ersten Band beschrieben, im Lineal mit den Absatzschiebern einstellen.

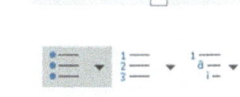

◆ Mit dem Symbol eine Aufzählung oder Numerierung einstellen, denn damit wird automatisch ein hängender Absatz eingestellt.

➢ Den Absatz „Müller-Karla..." anklicken, dann das Formatvorlagen-Menü öffnen und dort eine neue Formatvorlage, als Name „hängend" eintragen und weiter zu Format/Absatz.

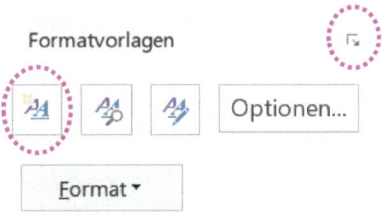

Das Absatz-Menü:

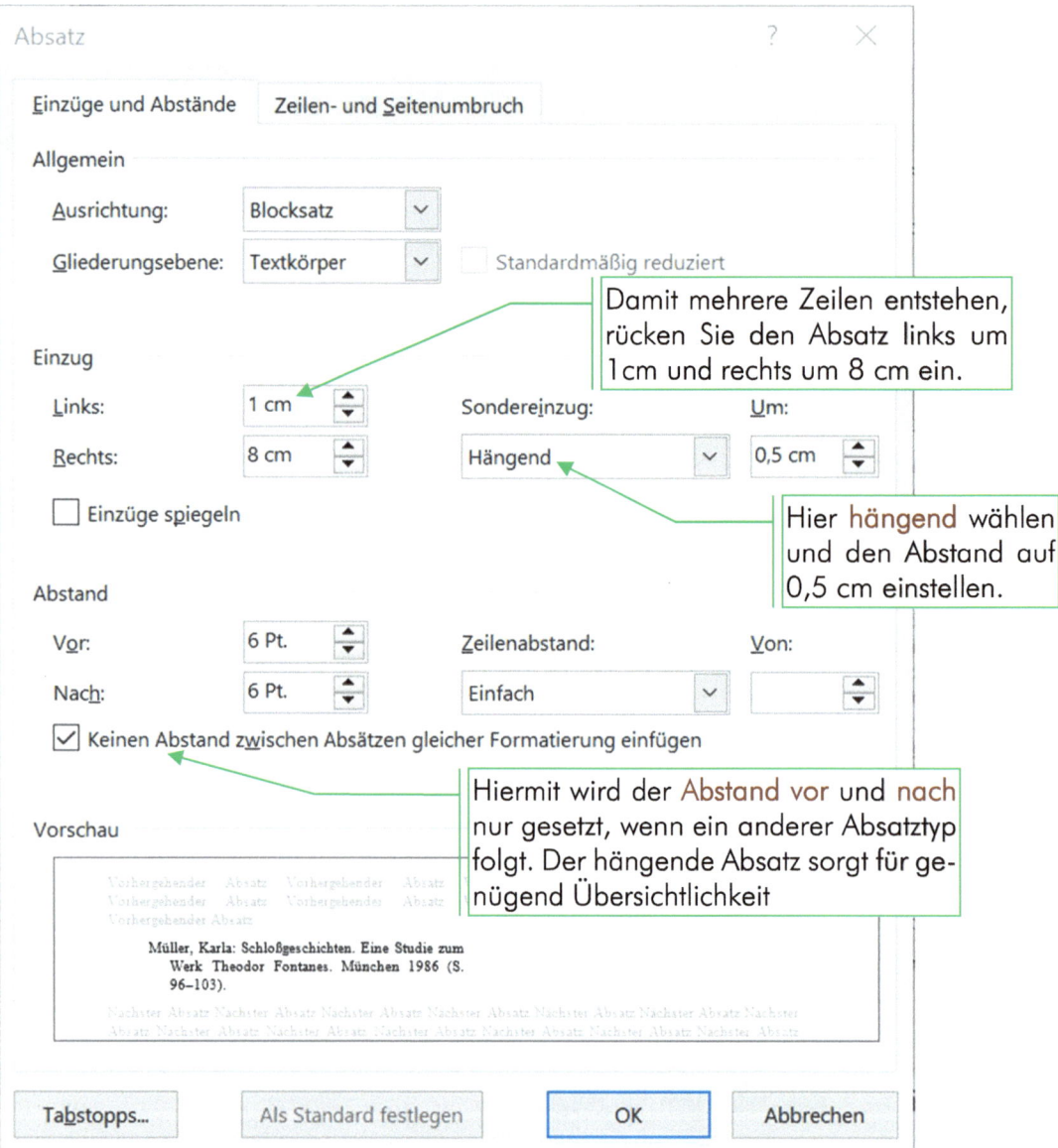

➢ Die anderen Absätze markieren (z.B. im linken Seitenrand) und auf die neue Formatvorlage hängend umschalten, die auch in der Schnellformatvorlagenliste direkt angezeigt wird.

So sollte es werden:

Literaturverzeichnis[2]

Müller, Karla: Schloßgeschichten. Eine Studie zum Werk Theodor Fontanes. München 1986 (S. 96-103).
Müller-Seidel, Walter: Theodor Fontane. Soziale Romankunst in Deutschland. Stuttgart 1975 (S. 181-196).
Nürnberger, Helmuth: Theodor Fontane, »Cécile«. Unbekannte Skizze zu einem Roman. In: Süddeutsche Zeitung, 11./12. November 1978.

---

[2] Zitiert aus: Theodor Fontane: Cécile, dtv-Verlag, August 1995, ISBN 3-423-02361-9, S. 276-277 (Computersatz und Korrekturlesen von Peter Schießl)

5.2 Nummerierter Absatz

*Der hängende Absatz ist auch für **Nummerierungen** verwendbar. Im Übungstext „Besondere" finden Sie auch diesen Text:*

> # Merkzettel zum Computerkauf
>
> 1. Prozessor, Arbeitsspeicher, Festplatte? Zusatzausstattung (DVD–Brenner, USB 3.2, SSD-Festplatte, WLAN)? Komplett und betriebsfertig, oder fehlt etwa die Maus?
>
> 2. Flachbildschirm groß genug, mindestens 24 Zoll und Auflösung mindestens Full HD 1920*1080, für Gamer mit einer Reaktionszeit unter 5ms?
>
> 3. Welche Programme sind dabei, welche werden benötigt?
>
> 4. Wie lange ist die Garantiezeit und wird in dem Geschäft repariert? Wie lange dauert eine Reparatur? Gibt es telefonische Unterstützung?

➢ Zuerst alle Absätze markieren und sehr schnell über das Symbol Nummerieren (siehe erster Band) eine Nummerierung zuweisen.

Probieren Sie auch ein voreingestelltes Nummernformat aus der Abrollliste.

♦ Danach noch individuell einstellen, z.B. rechts einrücken, größere Schrift und andere Farbe usw.

> Obwohl dies sehr einfach geht, sind bei längeren Texten Formatvorlagen für Aufzählungen sinnvoll: wenn mehrere Aufzählungen in dem Text vorkommen, sind diese hundertprozentig identisch formatiert, weil die gleichen Einstellungen der Formatvorlage gelten!

5.3 Beliebiges Aufzählungszeichen

Hervorragend ist die Möglichkeit, jedes Sonderzeichen als Aufzählungszeichen zu verwenden. Genügend Sonderzeichen finden Sie z.B. in der Windows-Spezialschrift Wingdings (Windows-Dinge).

➢ Etwas weiter im Übungstext finden Sie noch einmal die Computer-Einkaufsliste. Zur Übung erstellen wir diesmal zuerst die Formatvorlage Aufzählung, die danach den Absätzen zugewiesen wird.

Formatvorlagen   ➡   A A A Optionen...

➢ Als Name Aufz1 eintragen (Aufzählung gibt es schon), dann bei Format-Nummerierung ein Symbol als Aufzählungszeichen wählen.

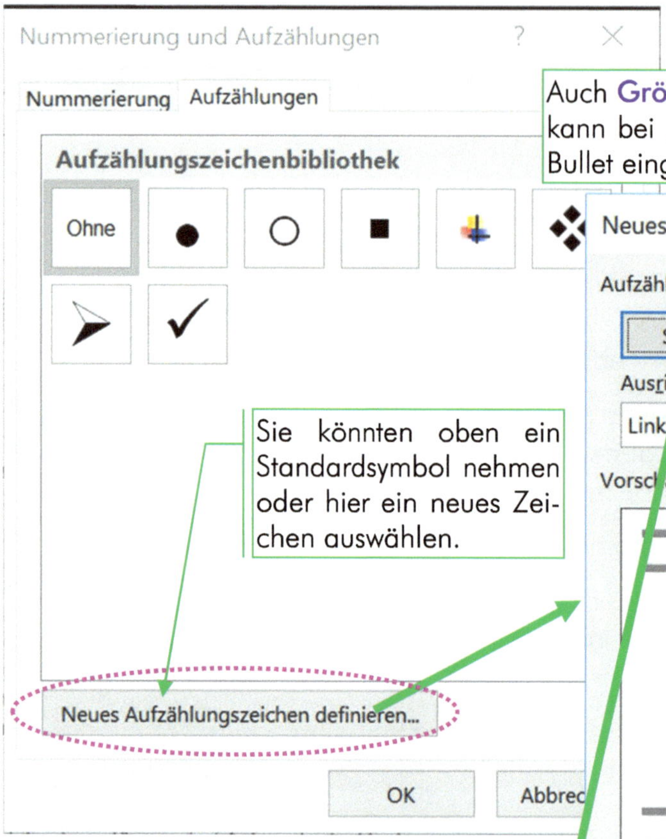

Nummerierung und Aufzählungen   ?   ✕

Nummerierung   Aufzählungen

Aufzählungszeichenbibliothek

Ohne   ●   ○   ■   ✦   ❖

➤   ✓

Auch **Größe**, Farbe, Einzug usw. kann bei „Schriftart" nur für das Bullet eingestellt werden.

Neues Aufzählungszeichen definier...   ?   ✕

Aufzählungszeichen

Symbol...   Bild...   Schriftart...

Ausrichtung:

Links   ⌄

Vorschau

Sie könnten oben ein Standardsymbol nehmen oder hier ein neues Zeichen auswählen.

Neues Aufzählungszeichen definieren...

OK   Abbrec

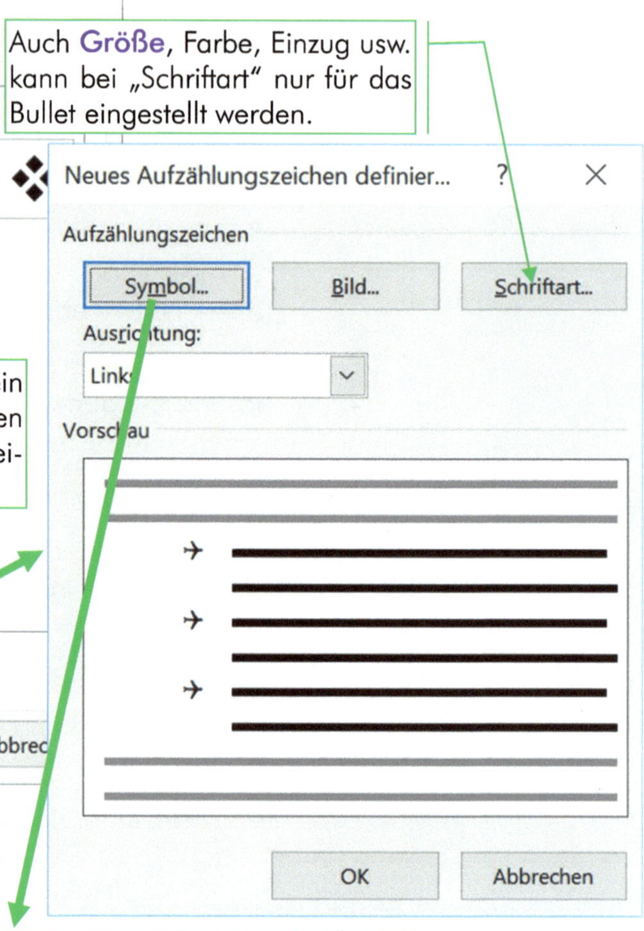

OK   Abbrechen

Bei Symbol erscheint das Sonderzeichen-Fenster, welches Sie über Einfügen/Symbole/Weitere Symbole bereits kennen:

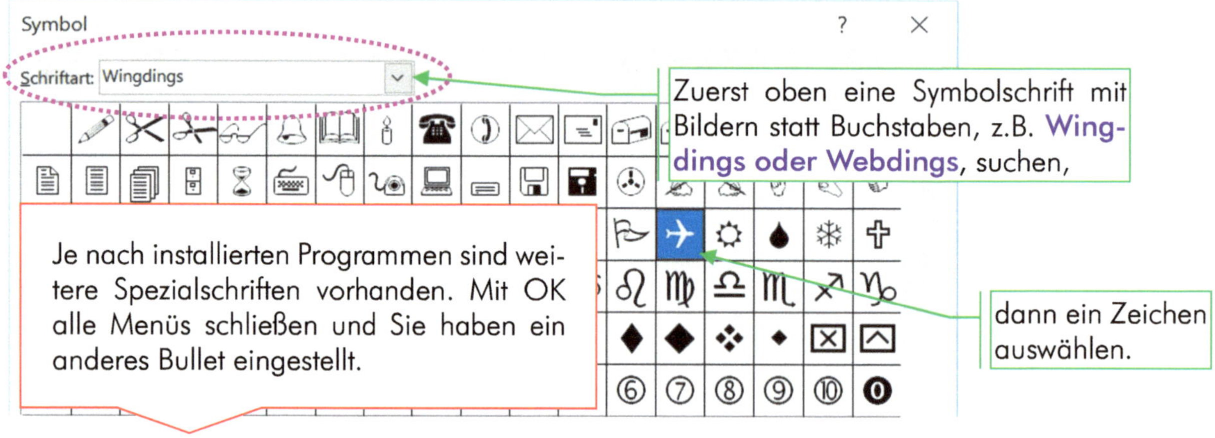

Symbol   ?   ✕

Schriftart: Wingdings   ⌄

Zuerst oben eine Symbolschrift mit Bildern statt Buchstaben, z.B. **Wingdings oder Webdings**, suchen,

Je nach installierten Programmen sind weitere Spezialschriften vorhanden. Mit OK alle Menüs schließen und Sie haben ein anderes Bullet eingestellt.

dann ein Zeichen auswählen.

Wenn Sie eine Nummerierung oder Aufzählung zuweisen, wird automatisch ein Tabulator gesetzt und der Absatz eingerückt.

♦ Wenn Sie in der Formatvorlage „automatisch aktualisieren" ankreuzen, können Sie die Einrückung auch mittels dem Lineal ändern:

Schieber für die **erste Zeile**.

Schieber für den Einzug von rechts.

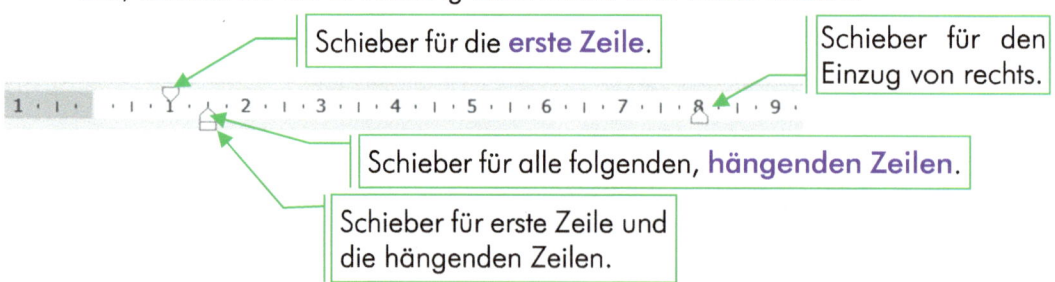

Schieber für alle folgenden, **hängenden Zeilen**.

Schieber für erste Zeile und die hängenden Zeilen.

6. Druck großer Dokumente

Die wesentlichen Einstellungen beim Drucken wurden im ersten Band vorgestellt. Jetzt geht es einen Schritt weiter, denn für den Druck langer Texte gibt es einige hilfreiche Einstellungen.

Auf folgende Arten können Sie drucken:

[Strg]-p

♦ Ein Symbol zum Drucken gibt es nicht mehr. Verwenden Sie stattdessen die Tastaturabkürzung [Strg]-p (p für print) oder Datei/Drucken.

 ↳ Es erscheint das Einstellmenü, in dem die Druckqualität und andere Druckeinstellungen anzugeben sind.

 ↳ Zurück oder Druck abbrechen: Pfeil siehe links oder [Esc].

 ↳ Die Druckvorschau können Sie rechts unten einstellen:

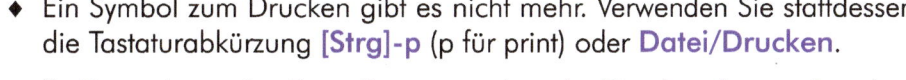

> Hierauf klicken, damit das Zoom-Menü erscheint.
>
> Mit dem Schieber oder +/- verkleinern oder vergrößern.

60 %

6.1 Die Druckreihenfolge

➤ Wählen Sie bei irgendeinem geöffneten Dokument, z.B. der vorigen Übung „Besondere", [Strg]-p zum Drucken.

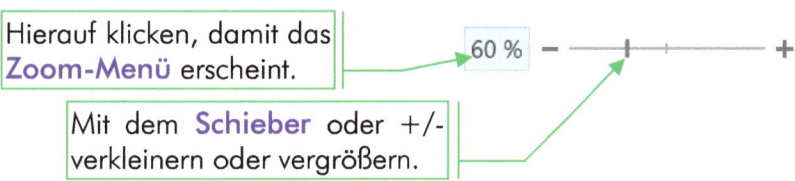

Exemplare: 1

Drucken

Oben wird der Drucker eingestellt:

Hier den Drucker wählen, bei Druckereigenschaften diesen einstellen, z.B. die Papiersorte oder Druckqualität.

Drucker ⓘ

Microsoft Print to PDF
Bereit

Druckereigenschaften

Auch gleich im Menü können Druckparameter gewählt werden:

Anstelle des Dokuments z.B. die Dokumenteigenschaften oder eine Formatvorlagen-Liste ausdrucken.

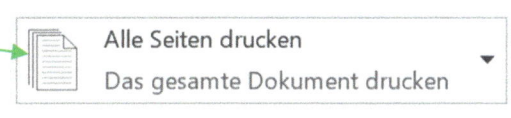

Alle Seiten drucken
Das gesamte Dokument drucken

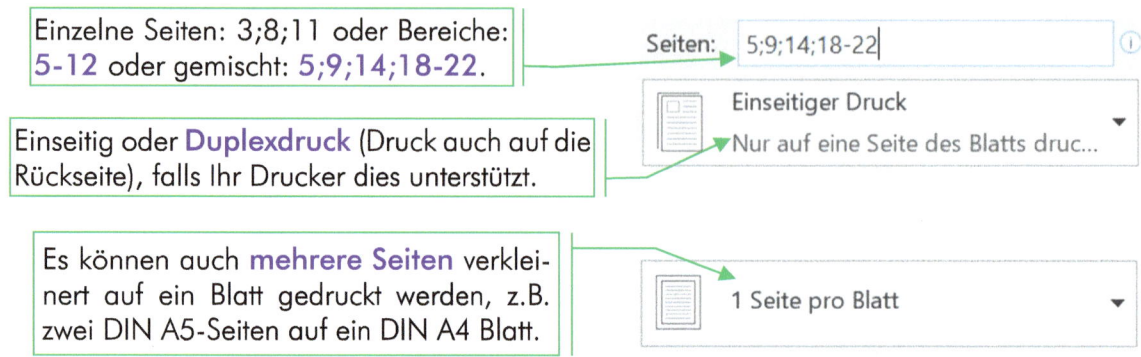

6.2 Druckvoreinstellungen

♦ Bei Datei/Optionen/Erweitert rechts zu Drucken durchblättern, hier können die Word-Druckoptionen eingestellt werden.

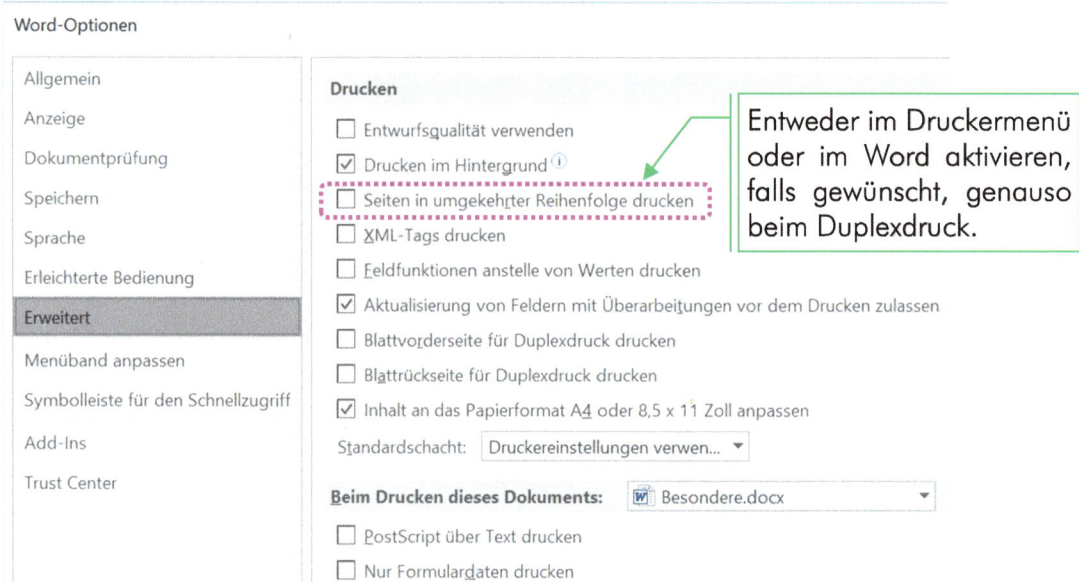

♦ Wenn „Drucken im Hintergrund" aktiviert ist, kann sofort weitergearbeitet werden, während der Druck berechnet wird.

♦ Die meisten Tintenstrahldrucker werfen das Papier mit der bedruckten Seite nach oben aus.

   ↳ Dann muss die letzte Seite zuerst gedruckt werden, also mit „umgekehrter Reihenfolge", damit die Seiten in der richtigen Reihenfolge ausgegeben werden.

   ↳ Bei den meisten Laserdruckern ist mit normaler Druckreihenfolge zu drucken, da das Papier mit der bedruckten Seite nach unten ausgeworfen wird.

♦ Aktualisierung von Feldern…: damit z.B. ein Inhaltsverzeichnis vor dem Drucken aktualisiert werden kann.

> Doppelte Einstellungen, z.B. Duplexdruck im Word und im Druckermenü, können sich gegenseitig aufheben.

6.3 Ausdruck in Datei

Wenn Sie ein Dokument öfter drucken wollen oder eine Druckdatei weitergeben wollen, bieten sich diese zwei Methoden an.

Wenn Sie einen Postscript-Drucker haben, könnten Sie in eine Druckdatei drucken und die Datei zu einer Druckerei schicken oder auf vielen computerisierten Kopiermaschinen ausdrucken.

♦ Postscript = standardisierte Druckersprache, entwickelt bereits 1980 von adobe für den Druckdatenaustausch im Profibereich.

♦ Alternativ, um Dokumente auf anderen Rechnern mit identischen Formatierungen auszudrucken, könnte die Datei in ein pdf-Dokument ausgegeben werden.

   ✎ Neben dem Standardprogramm von Adobe gibt es im Web hierfür auch kostenlose Alternativen.

   ✎ Bei der Installation des Programms wird ein Drucker installiert, auf den Sie das Dokument drucken können, wobei dieses als pdf-Datei gespeichert wird.

6.4 Den Druck abbrechen

Sehr häufig passiert folgendes: der Druck ist abgeschickt und Ihnen fällt noch ein Fehler auf. Hier hilft es, wenn Sie wissen, wie ein Druckauftrag angehalten und gelöscht werden kann.

Solange Word den Druckvorgang berechnet, erscheint unten rechts im Word ein Statusbalken.

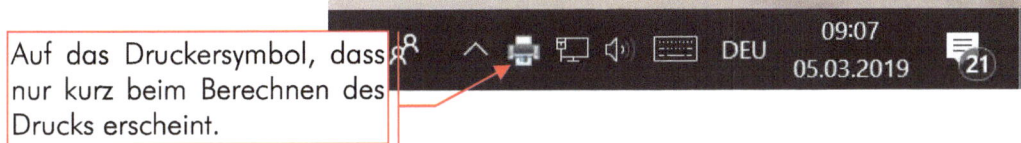

Auf das Druckersymbol, dass nur kurz beim Berechnen des Drucks erscheint.

Doppelklicken auf das Druckersymbol öffnet das Menü des Druckers, in dem Sie auf dem Druckauftrag die rechte Maustaste drücken können, um diesen anzuhalten oder abzubrechen. Das geht nur bei langen Dokumenten, andernfalls ist die Anzeige zu kurz.

Auf jedem Fall können Sie im Druckmenü einen Ausdruck abbrechen:

➢ Öffnen Sie das Druckmenü: Windows Symbol/Einstellungen/Geräte/-Drucker & Scanner.

➢ Den Drucker anklicken und „Warteschlange öffnen": rechte Maustaste auf dem Druckjob und Sie können diesen anhalten oder abbrechen. Geht auch, wenn der Druckjob markiert wurde, mit [Entf].

Bei einem Computernetzwerk könnten Druckaufträge von anderen in der Warteschlange sein. Achten Sie auf die Spalte „Besitzer" und die Startzeit. Oft sind in Netzwerken Druckaufträge in der Warteschlange vergessen, da z.B. niemand Papier nachgelegt hatte.

6.5 Übung Visitenkarte

Erstellen Sie folgende Visitenkarte. Neue Datei, Seitenformat 12x8cm mit je 1cm Seitenrändern, Text schreiben und zentrieren, Textfarbe und Schriftart wählen und dann eine horizontale Linie einstellen.

Viola Violina

Musikerin
Violine – Klavier – Saxophon
Musikunterricht nach Vereinbarung
Tel.: 111 / 34 23 12

Am meisten Möglichkeiten bieten natürlich Grafikprogramme. Doch auch in dem Textprogramm gibt es erstaunlich viele Einstellmöglichkeiten und auch die nötigen Einstellungen zum Ausdruck.

Für Visitenkarten gibt es drei Druckalternativen:

- Die Funktion beim Ausdruck, um eine Seite mehrmals auf ein größeres Blatt Papier auszudrucken, bereitet hierbei Probleme:
  - ↳ Leider lässt sich nicht präzise einstellen, wie groß die einzelnen Karten gedruckt und wie diese angeordnet werden sollen.
  - ↳ Darum entweder die Tabellen- oder Etiketten-Methode zu benutzen oder gleich ein Grafikprogramm.

- Entweder Sie erstellen eine Tabelle (siehe erster Band) in der Größe des Visitenkartenpapiers und kopieren die erste, perfekt eingerichtete Karte in die anderen Tabellenzellen – etwas Handarbeit, aber dafür die einfachste Methode.

- Oder Sie verwenden die Seriendruck-Funktion:
  - ↳ Karteikarte Sendungen, dort Seriendruck starten/Etiketten.
  - ↳ Im erscheinenden Menü den Etiketten-Hersteller und Etiketten-Typ wählen oder mit der Schaltfläche „Neues Etikett" eigene Maße angeben.

Für Visitenkarten gibt es im Fachhandel farbig vorbedrucktes und vorperforiertes Papier. Mit der Tabellenmethode lässt sich hier relativ leicht Text aufdrucken. Dann müssen die Visitenkarten nur noch ausgebrochen werden und schöne Visitenkarten sind fertig.

- Zum Ausdruck im Druckermenü „dickes Papier" oder Karton wählen und natürlich beste Druckqualität. Manche Tintenstrahldrucker haben einen Hebel, mit dem der Papiereinzug für dickes Papier verbreitert werden kann.

- Mit speziellem Sprühlack oder Laminiergeräten könnten die selbst erstellten Visitenkarten wasserfest gemacht werden. Tintenstrahlausdrucke sind im Gegensatz zu Laserdrucken meistens nicht wasserfest!

Zweiter Teil

Word einstellen

angenehmeres Arbeiten durch
optimale Einstellungen

ÜBUNGSTEXTE ZU DIESEM BUCH
PER EMAIL ANFORDERN:
WEBMASTER@KAMIPRINT.DE

7. Die Word-Optionen

Word kann den individuellen Bedürfnissen angepasst werden, etwa ganz wichtige Befehle in die Schnellzugriffssymbolleiste aufnehmen oder Tastaturabkürzungen für andere Aktionen vergeben.

7.1 Schnellzugriff-Symbolleiste anpassen

So können Sie weitere Symbole in die Schnellzugriffsleiste aufnehmen:

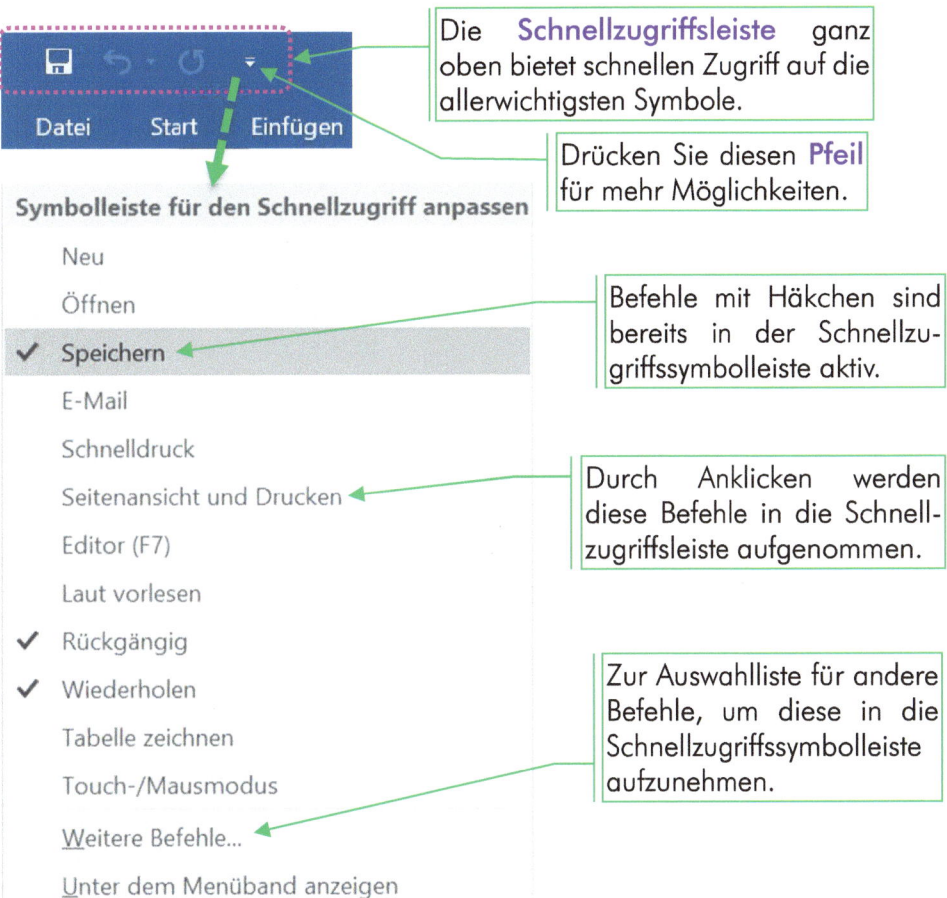

Die **Schnellzugriffsleiste** ganz oben bietet schnellen Zugriff auf die allerwichtigsten Symbole.

Drücken Sie diesen **Pfeil** für mehr Möglichkeiten.

Befehle mit Häkchen sind bereits in der Schnellzugriffssymbolleiste aktiv.

Durch Anklicken werden diese Befehle in die Schnellzugriffsleiste aufgenommen.

Zur Auswahlliste für andere Befehle, um diese in die Schnellzugriffssymbolleiste aufzunehmen.

7.1.1 Neue Symbole ergänzen

Nehmen wir an, Sie müssten sehr oft Querverweise und Fußnoten einfügen.

Sparen wir uns den Weg zur Karteikarte Referenzen, indem wir diese zwei Symbole in die Schnellzugriff-Symbolleiste aufnehmen.

➢ Bei dem Erweiterungspfeil „Weitere Befehle" wählen.

> Hier sind die Icons vielfältig einsortiert, z.B. Registerkarten Start, Einfügen, Seitenlayout usw. wie oben die Menüs: daher hier Registerkarte Referenzen wählen.

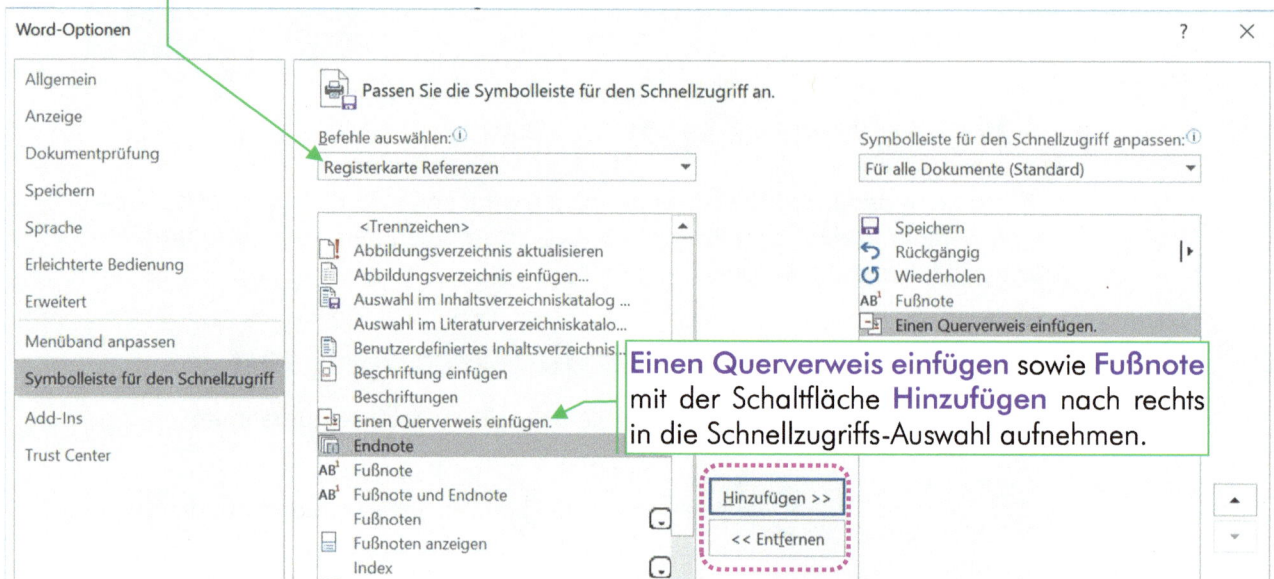

➢ Nachdem Sie beide Befehle mit Hinzufügen nach rechts ergänzt haben, sieht die Schnellzugriffsleiste so aus:

7.2 Die Ansicht einstellen

Geht genauso über den Pfeil der Schnellzugriffsleiste dann Weitere Befehle. Hier gibt es auf der linken Seite einige Menüs, hier für „Anzeige":

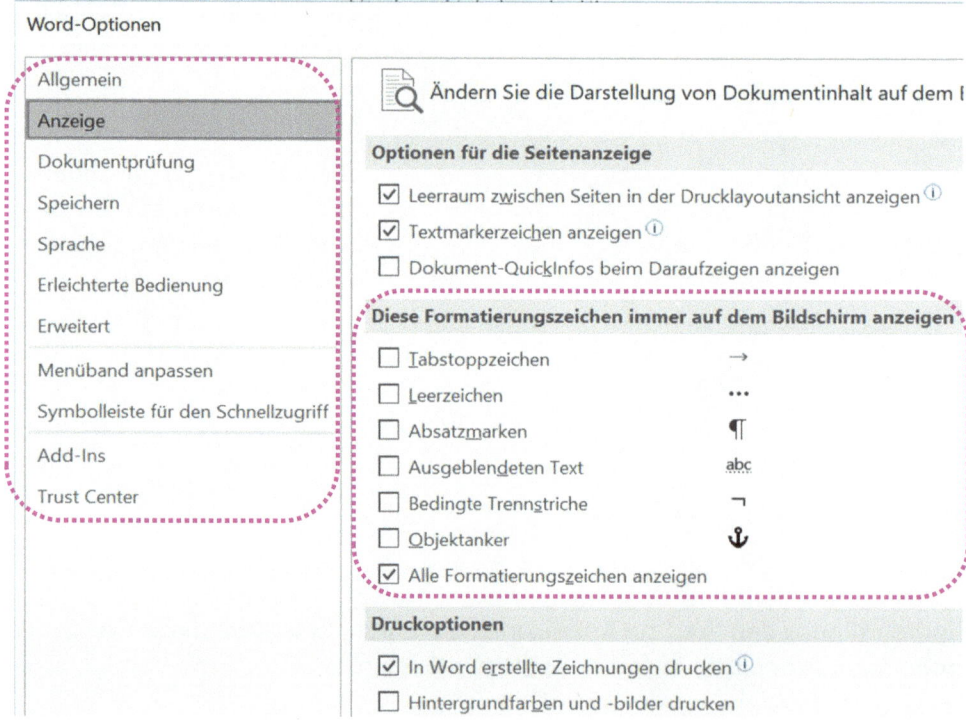

7.2.1 Die Formatierungszeichen

Das sind Steuerzeichen, die zwar am Bildschirm angezeigt, aber nicht mit ausgedruckt werden. Hier können Sie wählen, welche Formatierungszeichen Sie sehen wollen:

◆ Fehler durch doppelte Tabulatoren (Tabstoppzeichen) oder Leerzeichen lassen sich vermeiden, wenn diese Zeichen angezeigt werden.

◆ Absatzmarken, damit auch Zeilenschaltungen, sind bei Verwendung von Formatvorlagen äußerst wichtig und sollten deshalb sichtbar sein.

◆ Ausgeblendeter Text: um die Informationen für ein Stichwortverzeichnis im Text unterbringen zu können, müssen die Stichwörter im Text geschrieben werden, sollen dort aber nicht ausgedruckt werden.

  ↻ Darum werden diese als sogenannter ausgeblendeter Text formatiert, der zur Bearbeitung hier angezeigt und sonst meist abgeschaltet und unsichtbar bleibt.

  ↻ Weiter unten könnten diese auch z.B. für Korrekturausdrucke mit ausgedruckt werden, dann verschiebt sich natürlich der Text. Mehr zu einem Index im dritten Band.

◆ Bedingte Trennstriche werden mit [Strg]-Bindestrich gesetzt und sind nur aktiv, wenn das Wort tatsächlich getrennt wird, so lassen sich Trennungen manuell setzen, z.B. wenn Word falsch trennt, ohne dass ein Risiko besteht, dass etwa nach Änderung der Schriftgröße Trennstriche mitten im Text übrigbleiben.

◆ Objektanker: ein Objekt (AutoForm, Foto usw.) hängt mit diesem Anker an einem Absatz und wird mit diesem verschoben, wenn Sie z.B. davor Text ergänzen.

¶ Alle Zeichen können mit dem nebenstehenden Symbol im Menü Start ein- oder ausgeschaltet werden. Empfehlung: alle einschalten.

7.3 Die Druckoptionen

Unter den Formatierungszeichen folgen die Druckoptionen:

Vor dem Drucken aktualisieren ist immer gut, die Hintergrundfarben sollen auch in der Regel gedruckt werden, die Dokumenteigenschaften und den ausgeblendeten Text wollen wir jedoch in der Regel nicht drucken außer für Korrekturzwecke.

◆ Die Dokumenteigenschaften können bei Datei/Eigenschaften/Weitere Eigenschaften eingegeben werden. Hier ankreuzen, wenn diese z.B. zu Kontrolle oder zur Weitergabe auf Papier mit ausgedruckt werden sollen.

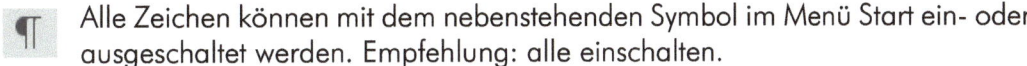

Eigenschaften ▾	
Größe	14,1MB
Seiten	180
Wörter	26138

◆ Ausgeblendeten Text drucken: dies sind z.B. die Einträge für ein Stichwortverzeichnis, welche hiermit auch gedruckt werden könnten.

◆ Felder ... sind für automatische Berechnungen oder für Querverweise. Hier ankreuzen, damit diese Werte vor jedem Ausdruck noch einmal aktualisiert werden und damit auch stimmen.

♦ **Verknüpfte Daten**…: im Menü Einfügen können Sie ein Objekt einfügen. Ein Objekt ist eine Datei, die in einem anderen Programm, z.B. MS Excel, erstellt wurde. Diese Datei wird beim Öffnen des Word-Dokuments aktuell eingelesen, wenn angekreuzt, wird diese Datei auch vor dem Drucken aktualisiert.

7.4 Erweitert

Bei **Erweitert** sind noch einige nützliche Einstellungen verborgen.

Dokumentinhalt anzeigen

- ☑ Hintergrundfarben und -bilder im Seitenlayout anzeigen
- ☐ Textumbruch im Dokumentfenster anzeigen
- ☐ Platzhalter für Grafiken anzeigen ⓘ
- ☑ Zeichnungen und Textfelder auf dem Bildschirm anzeigen
- ☐ Textmarken anzeigen
- ☐ Textbegrenzungen anzeigen
- ☐ Zuschnittsmarken anzeigen
- ☐ Feldfunktionen anstelle von Werten anzeigen
- Feldschattierung: Nie ▼

Textbegrenzungen zeigen den Seitenrand an und helfen es, Bilder zu positionieren.

Zuschnittsmarken am Blattrand helfen beim Schneiden, falls mehrere Seiten auf ein größeres Format gedruckt werden.

Was hier erklärungsbedürftig ist:

♦ **Textumbruch** gilt nur für die Entwurfsansicht. Deaktiviert wird der Text mit originalen Umbrüchen angezeigt, wenn angekreuzt bis zum Rand des Word-Fensters.

♦ **Platzhalter für Grafiken** statt der eigentlichen Grafik anzeigen spart Rechenleistung, doch davon ist heutzutage genügend vorhanden.

♦ **Textmarken** sind Markierungen im Text, um darauf an anderer Stelle mittels einem Querverweis zu verweisen und sollten daher, wenn Textmarken benutzt werden, auch sichtbar sein.

7.5 Speichern und Speicherort einstellen

➢ Schalten Sie um zu Speichern.

♦ **AutoWiederherstellen-Info:** Hier können Sie einstellen, dass Word z.B. alle zehn Minuten die Änderungen am aktuellen Text sichert.
  ↳ Sollte der Rechner abstürzen, rekonstruiert Word selbständig den Stand dieser Sicherung, was jedoch nicht der aktuelle Stand ist!

♦ **Speicherort:** wenn Sie z.B. Ihre Dokumente auf einer zweiten Festplatte im Ordner Texte haben, würden Sie mit Durchsuchen D:\Texte wählen.

♦ **Schriftarten…einbetten:** diese werden mit in der Textdatei gespeichert, so dass das Dokument auch auf Rechnern, auf denen diese Schriften nicht geladen sind, originalgetreu angezeigt werden kann.

Behebt auch das Problem, dass eine Schrift auf einem neuen Rechner oder neuem Betriebssystem nicht mehr vorhanden sein könnte.

8. Korrekturen

8.1 Das Menü Rechtschreibprüfung

Word unterstreicht falsche Wörter sofort. Diese automatische Rechtschreibprüfung ist besser und angenehmer, da Sie Fehler sofort korrigieren können. Das Menü Rechtschreibung ist somit nur noch in Ausnahmefällen sinnvoll.

Die Rechtschreibprüfung funktioniert nach einem einfachen Prinzip. MS Word wird mit einem Wörterbuch ausgeliefert, in dem Tausende Wörter gespeichert sind. Mit diesem **Wörterbuch** wird jedes Wort verglichen, falls kein identischer Eintrag vorhanden ist, folgt eine Fehlermeldung.

◆ Die Rechtschreibprüfung können Sie folgendermaßen aufrufen:
 ↳ mit dem abgebildeten Symbol im Menü Überprüfen
 ↳ oder mit dem Shortcut F7 aufrufen.   F7

Es erscheint dieses Andockfenster:

ABC
✔
Rechtschreibung
und Grammatik

Dokumentprüfung   ▾   ✕

Rechtschreibung
Nicht im Wörterbuch

Feler   🔊

> Auch in diesem Menü kann manuell korrigiert werden.

Vorschläge

Fehler
Fehl, Makel, *Es bedeutet:*   ⌄

> Ggf. einen Korrekturvorschlag auswählen oder eine der untenstehenden Optionen.

Felder
Äcker, Berufe, Besitztümer   ⌄

Feller
[Keine Referenzinformationen]   ⌄

> „Einmal ignorieren" oder für den ganzen Text mit „Alle ignorieren", wenn das Wort richtig ist, es aber nicht in das Wörterbuch aufgenommen werden soll.

Einmal ignorieren

Alle ignorieren

Zum Wörterbuch hinzufügen

> **Zum Wörterbuch hinzufügen**: das aktuelle Wort in das Benutzerwörterbuch aufnehmen. Für öfters wiederkehrende Wörter, z.B. Ihren Namen und Straße, sehr zu empfehlen. Damit können Sie sich mit der Zeit ein individuelles Wörterbuch aufbauen. Wichtig ist, keine falschen Wörter hinzuzufügen!

Deutsch (Deutschland)

8.2 Grammatikprüfung

◆ Bei der manuellen Rechtschreibprüfung wird auch die Grammatik überprüft, daher gibt es kein eigenes Menü für die Grammatikprüfung.

◆ Rechtschreibfehler werden rot, Grammatikfehler mit blauer Doppellinie unterstrichen.

◆ Grammatikfehler im Menü Dokumentprüfung: „Einmal ignorieren" ändert nur diesen Ausdruck nicht, mit „Nicht auf dieses Problem überprüfen" wird die zu Grunde liegende Grammatikregel in diesem Text nie mehr zur Prüfung angewendet.

8.3 Sprache bestimmen

Und das geht nicht nur für eine Sprache. Neben länderspezifischem Englisch (GB, USA, Australien usw.) stehen noch viele andere Sprachen zur Verfügung.

Schreiben Sie diesen kurzen Text mit einigen Fehlern auf Englisch:

To	Press
Print the open document	CTRL+P
Exit Common Ground	ALT+F4
Go to the first page of a document	CTRL+HOME
Go to the last page	CTRL+END
Display Contents for the Help system	F1

➢ Fremdsprachigen Text markieren, dann im Menü Überprüfen/Sprache/ Sprache für die Korrekturhilfe festlegen… die passende Sprache wählen.

   ✎ In diesem Menü können Sie auch „Sprache automatisch erkennen" ankreuzen, was jedoch nicht bei Fachtexten funktioniert.

> Weil Sie die Sprache für markierten Text wählen, können in einem Dokument verschiedene Sprachen angegeben werden.

8.4 Übersetzen

➢ Testen wir einfach: It's raining. I'm going to work with my umbrella: Probieren Sie zuerst, nur das „umbrella" zu übersetzen, markieren, rechte Maustaste darauf-Übersetzen.

   ✎ Die Sprache wird in der Regel automatisch erkannt, falls nicht, bei der Auswahlliste manuell wählen.

Auch im Internet gibt es viele Wörterbücher und Übersetzungsprogramme, einfach nach Wörterbuch oder Übersetzungsprogramm suchen, am bekanntesten ist google translate.

8.5 Die AutoKorrektur

Die AutoKorrektur korrigiert Standardfehler während dem Schreiben – eine nützliche Hilfe, die aber zuweilen Probleme verursachen kann.

➢ Rechte Maustaste/Zur AutoKorrektur hinzufügen ist für Ihre Standardfehler gedacht. Das Wort wird in die Autokorrekturliste aufgenommen und zukünftig automatisch durch den Korrekturvorschlag ersetzt.

➢ Die AutoKorrektur können Sie bei Datei/Optionen, weiter zu Dokumentprüfung/Autokorrektur-Optionen:

Jeden Satz mit einem Großbuchstaben beginnen heißt: nach jedem Punkt, so auch nach Abkürzungen, weshalb diese als Ausnahmen separat vermerkt werden.
Sollte MS Word eine Abkürzung nicht kennen, so wird nach dem Punkt der Abkürzung automatisch großgeschrieben.

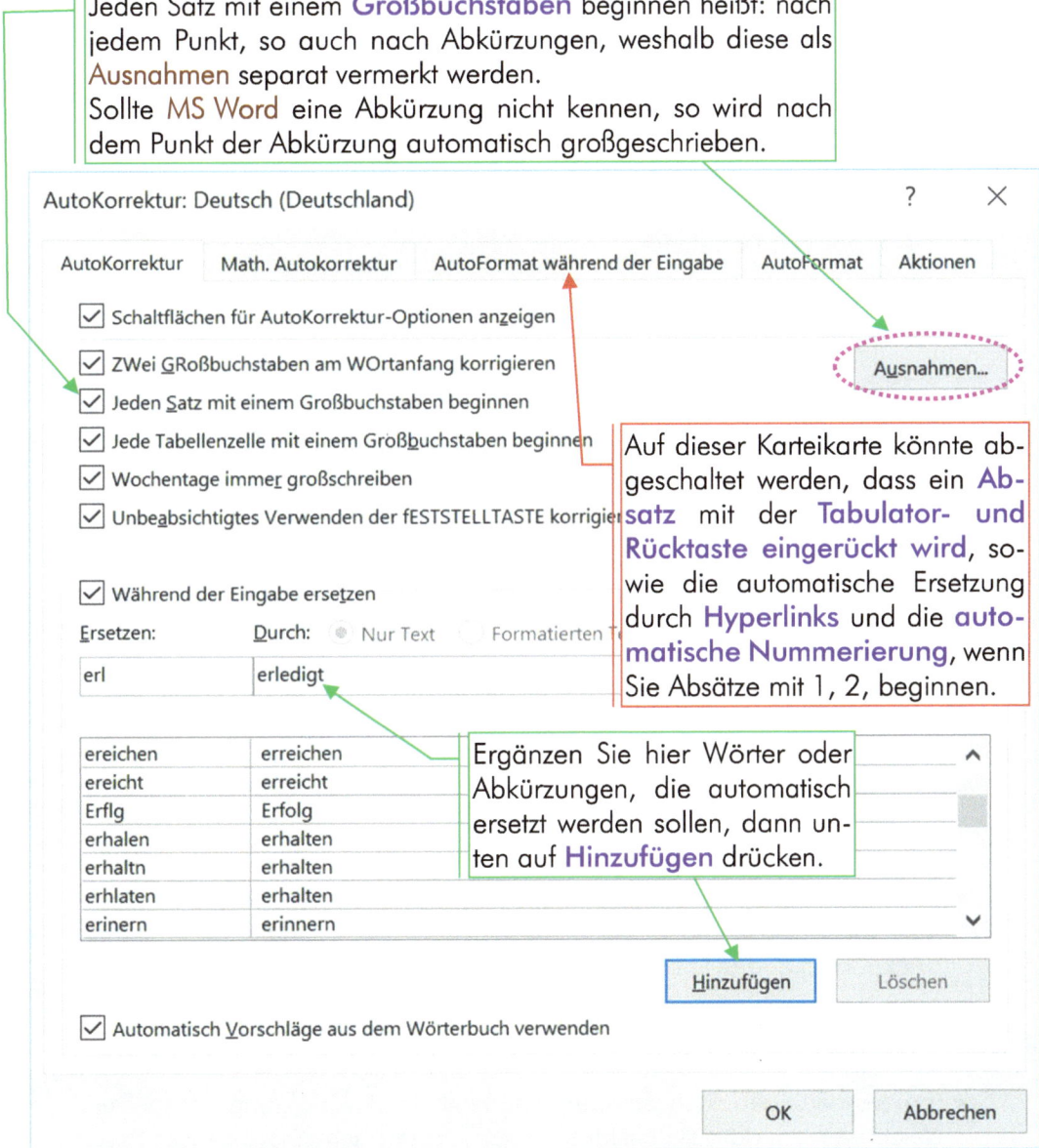

Auf dieser Karteikarte könnte abgeschaltet werden, dass ein Absatz mit der Tabulator- und Rücktaste eingerückt wird, sowie die automatische Ersetzung durch Hyperlinks und die automatische Nummerierung, wenn Sie Absätze mit 1, 2, beginnen.

Ergänzen Sie hier Wörter oder Abkürzungen, die automatisch ersetzt werden sollen, dann unten auf Hinzufügen drücken.

Wenn Sie die Funktion „Jeden Satz mit Großbuchstaben beginnen" verwenden möchten, sollten im Laufe der Zeit einige weitere Abkürzungen in der Ausnahmeliste (Schaltfläche Ausnahmen…) eingetragen werden.

Manche Ersetzungen können stören, z.B. IDE oder Die durch die. Solche Wörter markieren und aus der Liste löschen.

8.6 Korrekturen anzeigen

Diese Funktion hat nichts mit der Rechtschreibprüfung oder der AutoKorrektur zu tun, sondern hierbei geht es darum, alle an einem Text vorgenommenen manuellen Änderungen farbig zu kennzeichnen. Das ist vor allem nützlich, wenn in einem Text von verschiedenen Bearbeitern Korrekturen eingetragen werden.

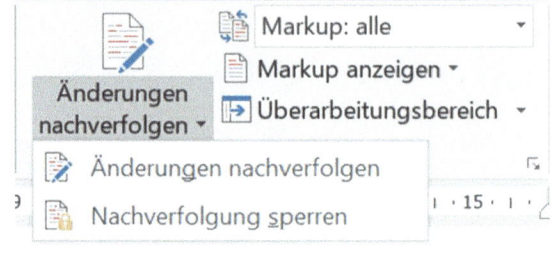

> ➢ Wählen Sie Änderungen nachverfolgen bei einem der Übungstexte auf der Karteikarte Überprüfen.

> ➢ Ändern Sie ein einige Wörter. Alle Änderungen werden nun farbig markiert, gelöschter Text wird nur durchgestrichen angezeigt:

- ♦ Markup (die Art der Markierung): Alle anzeigen oder Original = Zustand vor den Korrekturen.

- ♦ Markup anzeigen: z.B. die Änderungen in Sprechblasen am rechten Rand anzeigen oder farbig markiert im Text.

- ♦ Überarbeitungsbereich: ein Fenster einblenden, in dem die Änderungen vermerkt werden, entweder vertikal neben dem Text oder horizontal am unteren Rand. Zum Abschalten noch einmal anklicken.

Nach dem Korrekturdurchgang ist eine Entscheidung erforderlich:

- ♦ Sie können auf jeder Änderung die rechte Maustaste drücken und diese annehmen oder ablehnen oder in der Symbolleiste bei Überprüfen folgendes wählen:

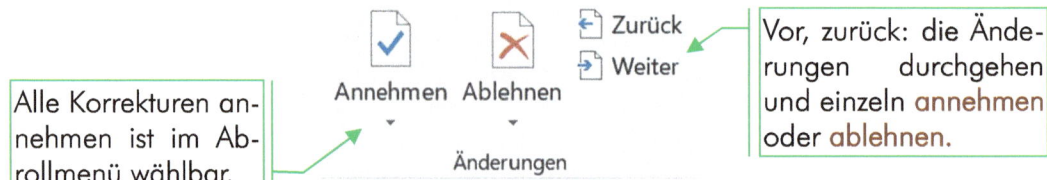

Alle Korrekturen annehmen ist im Abrollmenü wählbar.

Vor, zurück: die Änderungen durchgehen und einzeln annehmen oder ablehnen.

- ♦ Sie können einen Text auch einfach speichern und schließen. Dann werden die Änderungen farbig mitgespeichert und könnten somit später rückgängig gemacht oder überprüft werden.

8.6.1 Änderungen einstellen

- ♦ Bei „Änderungen nachverfolgen" kann mit „Nachverfolgung sperren" erreicht werden, dass die Nichtverfolgungen nur nach Eingabe eines Passwortes angenommen oder verworfen werden können.

Sie können einstellen, wie die Korrekturen markiert werden sollen: mit dem Erweiterungspfeil zum Menü: Nachverfolgung

> ↳ dort mit „Erweiterte Optionen" das Menü öffnen, in dem die Farben und Art für die Markierungen eingestellt werden können.

Dritter Teil

Grafiken

im Word: Zeichnen, Bilder einfügen,
Fotos, Tabellen…

Kapitel 9

9. Zeichnen im Word

Im Word können wir einfache Bilder malen, aber auch Fotos und ClipArts in den Text einfügen oder als Hintergrund verwenden. Zunächst zum Zeichnen.

9.1 Die Symbole

Die Zeichensymbole finden Sie im Menü **Einfügen** bei Formen:

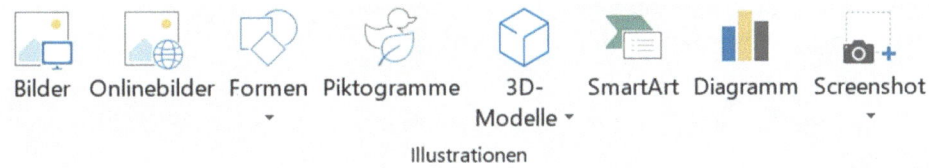

Es bedeutet:

- ◆ **Bilder**: ein Foto oder ein gemaltes fertiges Bild (Grafik) einfügen.
  - ↳ Es erscheint das Grafik-Einfügen-Menü, in dem Sie einen Ordner mit Fotos oder ClipArts von Ihren Laufwerken wählen können.
- ◆ **Onlinebilder**: ein Foto online aus der Microsoft-Bibliothek einfügen.
- ◆ Bei **Formen** sind gezeichnete Elemente wie Pfeile, Sterne usw. zusammengefasst. Eine ausführliche Beschreibung folgt im nächsten Kapitel.
- ◆ **Piktogramme** einfachste schwarz-weiß-Symbole, s. Beispiele im Rand.
- ◆ **3D-Modelle**: drehbare dreidimensionale Körper, etwa von Dinosauriern, Astronauten usw.
  - ↳ **Aus Datei** von Ihren Laufwerken oder mit „Aus Onlinequellen" aus einer sehr umfangreichen online eingestellten MS-Sammlung.
- ◆ **Diagramm** einfügen folgt später, da es hier sehr viele Einstellmöglichkeiten gibt.
- ◆ **Screenshot**: von einem geöffneten Fenster kann ein Bildschirmfoto erstellt werden, dass sofort in den aktuellen Word-Text eingefügt wird.

9.2 AutoFormen und Zeichnen

Bei **Formen** finden Sie zahlreiche vorgefertigte grafische Elemente:

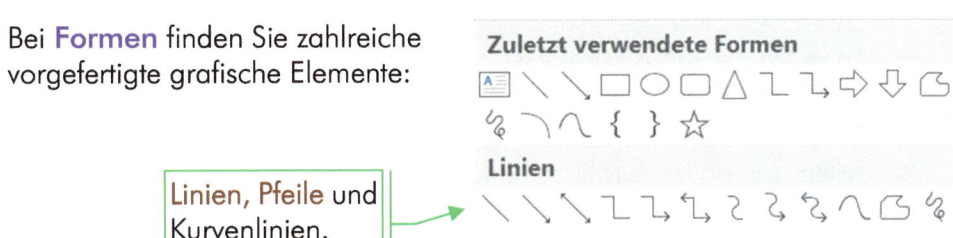

Linien, Pfeile und Kurvenlinien.

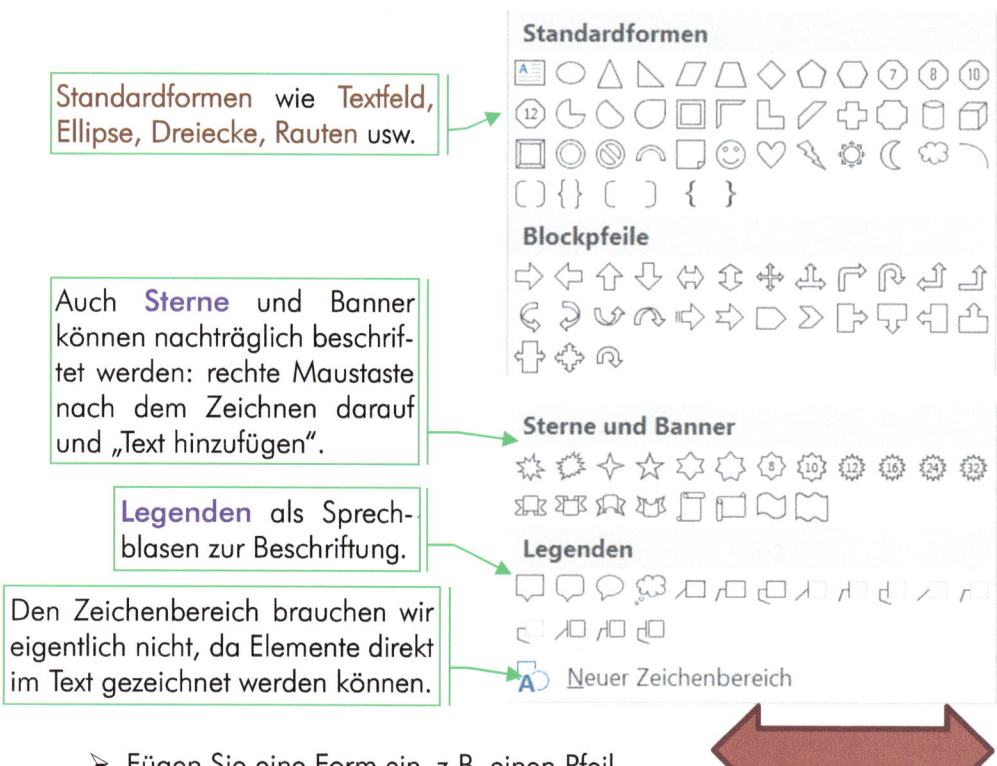

Standardformen wie **Textfeld, Ellipse, Dreiecke, Rauten** usw.

Auch **Sterne** und Banner können nachträglich beschriftet werden: rechte Maustaste nach dem Zeichnen darauf und „Text hinzufügen".

Legenden als Sprechblasen zur Beschriftung.

Den Zeichenbereich brauchen wir eigentlich nicht, da Elemente direkt im Text gezeichnet werden können.

➢ Fügen Sie eine Form ein, z.B. einen Pfeil.

    ↳ Neue **Form** wählen und mit gedrückter Maustaste zeichnen, bis die Größe passt.

    ↳ Anschließend anklicken und an den **Anfasserpunkten** in der **Größe ändern** oder **verschieben**.

Die Zeichnen-Befehle erscheinen, wenn Sie die Form anklicken und ganz oben im Word-Balken Zeichentools anklicken.

Eine andere Voreingestellte **Farbkombination** (Linien- und Füllfarbe) zuweisen.

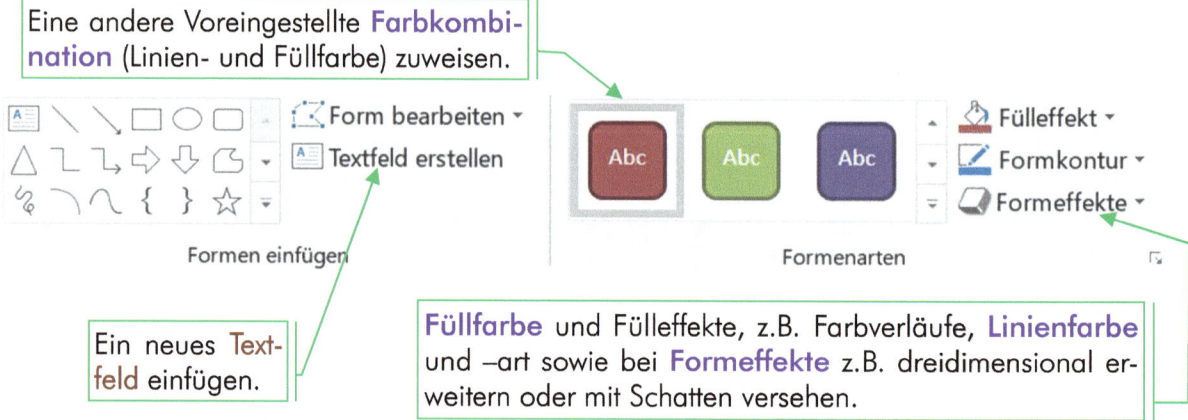

Ein neues **Textfeld** einfügen.

Füllfarbe und Fülleffekte, z.B. Farbverläufe, **Linienfarbe** und –art sowie bei **Formeffekte** z.B. dreidimensional erweitern oder mit Schatten versehen.

Beachten Sie:

♦ Bei den Symbolen mit **Pfeil** klappen Untermenüs auf, in denen mit weiteren Bildern die wählbaren Optionen veranschaulicht werden.

♦ Wenn Sie die Maus kurze Zeit auf einem Symbol nicht bewegen, wird die Bedeutung angezeigt.

♦ Auf der rechten Seite können Sie bei **Textumbruch** die Anordnung einstellen, z.B. ob die Grafik vor oder hinter dem Text liegen soll.

♦ Bei **Position** kann die Anordnung auf dem Blatt bestimmt werden, z.B. rechts oben oder in der Mitte.

Textumbruch mit der rechten Maustaste/Textumbruch:

◆ **Mit Text**: die Grafik hängt wie ein Buchstabe im Text an der aktuellen Cursorposition.

◆ **Quadrat** und **Eng**: Text fließt um die Grafik herum wie in einer Zeitung, wobei Eng genau den Konturen folgt.

◆ **Transparent** ist merkwürdigerweise wie Eng.

  ✎ Eine Transparenz könnte mit „Vor den Text" und bei Fülleffekt-Weitere Füllfarben eingestellt werden.

◆ **Oben und unten**: der Text wird erst wieder nach der Grafik fortgesetzt.

◆ **Hinter.../Vor den Text**: die Grafik kann z.B. hinter den Text wie ein Wasserzeichen gelegt werden.

  ✎ Hierbei kann ein Textumbruch auch manuell durch Einrücken der Absätze erzeugt werden, was die störenden Word-Hilfslinien vermeidet.

◆ **Rahmenpunkte bearbeiten**: ein Rahmen um das Bild gibt an, bis wohin der Text verläuft, dieser Rahmen kann mit der Maus an den Anfasserpunkten verschoben werden.

⌐	Mit Text in Zeile
⌐	Quadrat
⌐	Eng
⌐	Transparent
⌐	Oben und unten
≡	Hinter den Text
⌐	Vor den Text
⌐	Rahmenpunkte bearbeiten
✓	Mit Text verschieben
	Position auf Seite fixieren
⊡	Weitere Layoutoptionen...
	Als Standardlayout festlegen

9.3 Zeichnen und AutoFormen

◆ Auch wenn Sie eine Grafik anklicken, können Sie ganz oben auf **Bildtools** klicken, um die Grafikbefehle einzublenden, die etwas anders sind als die Befehle für Formen:

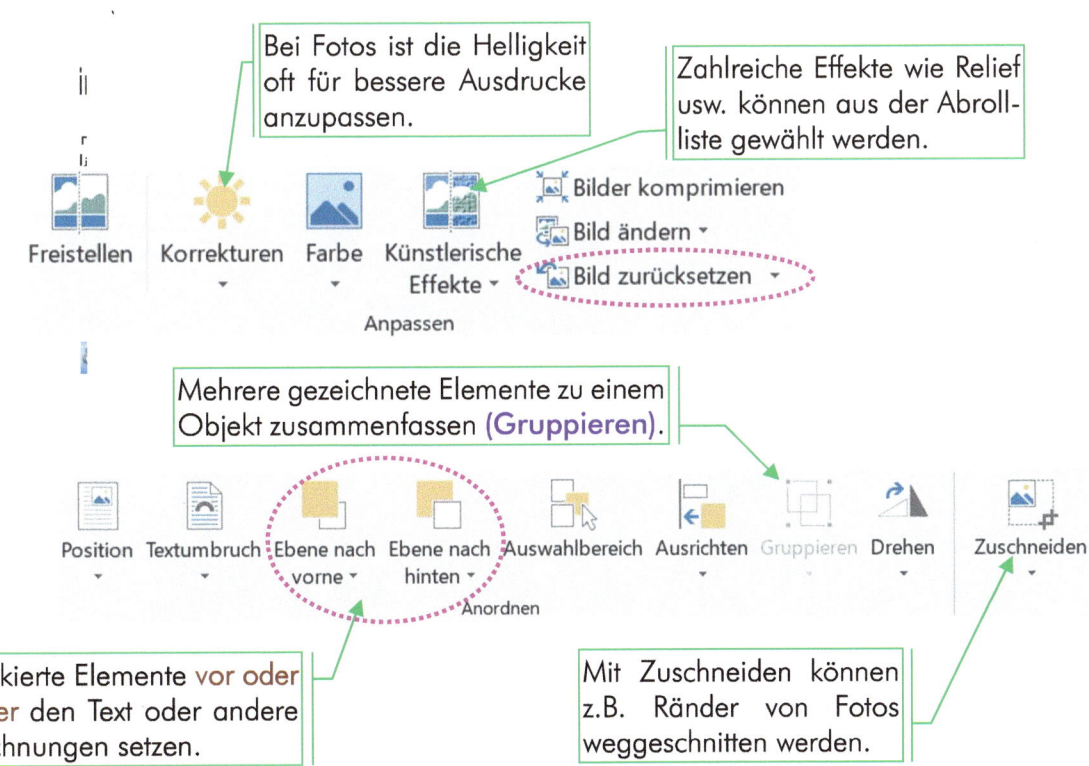

LINDEMANN GROUP © DIPL.-ING. (FH) PETER SCHIEßL   **47**

9.4 Größe ändern, verschieben und löschen

Es ist egal, was Sie zeichnen: ob eine Linie oder ein Rechteck oder eine Auto-Form, alles muss erst auf die richtige Größe angepasst und an die richtige Stelle geschoben werden.

♦ Immer das gleiche Prinzip: eine Form auswählen, dann im Text mit gedrückter Maus zeichnen, anklicken und Größe sowie Position anpassen.

Zum Bearbeiten gilt immer:

♦ Element anklicken, damit die Anfasserpunkte erscheinen.

   ↳ Jetzt können Sie an den Anfasserpunkten die Größe ändern oder

   ↳ auf einer Linie zwischen den Anfasserpunkten verschieben oder

   ↳ das ausgewählte Teil mit [Entf] löschen.

Beachten Sie die Anfasserpunkte, wenn diese sichtbar sind, ist der Rahmen markiert und Sie können den Rahmen einstellen oder positionieren:

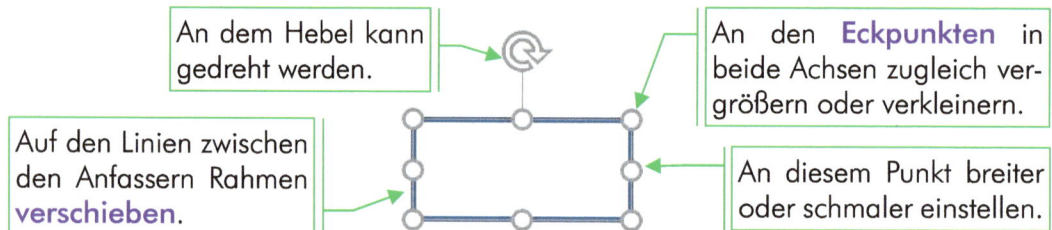

> Tipp: Mit gedrückter [Umschalt]-Taste können Sie Kreise statt Ellipsen, Quadrate statt Rechtecke zeichnen und Linien mit genau 0°, 30°, 45°, 60° oder 90° Grad ziehen.

Probieren Sie es aus:

➢ Zeichnen Sie eine Linie (Maus gedrückt halten).

➢ Verlängern Sie die Linie.

➢ Drehen Sie die Linie: die Anfasserpunkte verschieben.

➢ Verschieben Sie die ganze Linie (auf der Linie anfassen).

➢ Ändern Sie die Linienfarbe auf rot.

➢ Wählen Sie eine 3pt dicke gestrichelte Linie.

➢ Löschen Sie die Linie.

Ein Rechteck:

➢ Zeichnen Sie ein Rechteck und klicken Sie auf das neue Rechteck.

➢ Verbreitern Sie das Rechteck nach rechts.

➢ Ändern Sie die Linienfarbe auf blau und die Füllfarbe auf gelb.

➢ Drehen: wenn Sie das Rechteck oder ein anderes Element anklicken, erscheinen die Anfasserpunkte sowie ein kleiner Hebel, an dem Sie die Objekte drehen können.

➢ Wählen Sie eine dünne Doppellinie für das Rechteck.

➢ Auch das Rechteck wieder löschen.

10. Bilder einfügen

Jetzt soll ein fertiges Bild (ClipArt) eingefügt werden. Online sind für MS Office zahlreiche ClipArts abrufbar, die Sie in Texten verwenden könnten.

10.1 Übung Silvester vorbereiten

Die Zeichenwerkzeuge finden Sie im vorigen Kapitel ab Seite 45 beschrieben.

➢ Wieder einen neuen Text beginnen (leeres Dokument).

➢ Zuerst das Seitenformat bei Layout/Format auf DIN A5, bei Ausrichtung quer und bei Seitenränder (benutzerdefiniert) überall 2 cm einstellen.

➢ Mit Return ein paar leere Absätze erzeugen (ist immer gut vor dem Formatieren), dann oben die Überschrift Silvester-Party schreiben und ungefähr wie abgebildet formatieren (bei Start),

☞ dabei den Text etwas strecken: rechte Maustaste/Schriftart/Karteikarte Erweitert und bei Abstand etwa 6pt auseinanderziehen.

☞ Die Füllung können Sie im Menü Start bei dem Rahmensymbol einstellen:

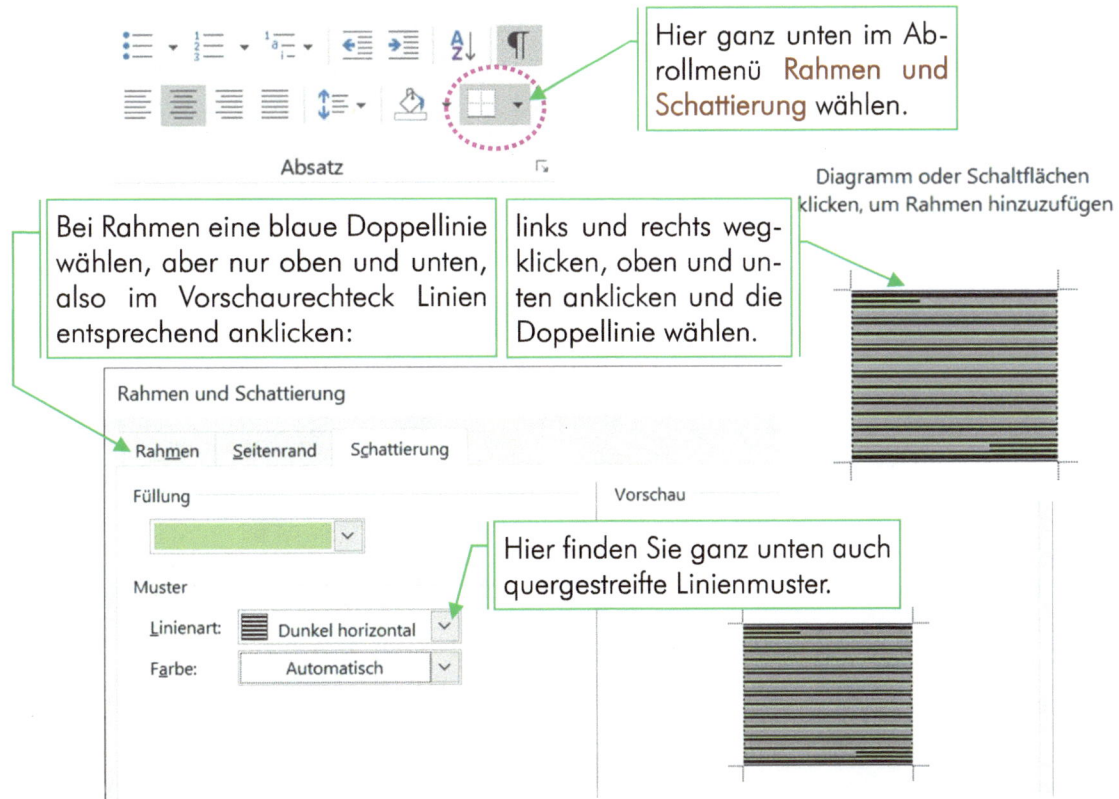

Hier ganz unten im Abrollmenü Rahmen und Schattierung wählen.

Absatz

Diagramm oder Schaltflächen klicken, um Rahmen hinzuzufügen

Bei Rahmen eine blaue Doppellinie wählen, aber nur oben und unten, also im Vorschaurechteck Linien entsprechend anklicken:

links und rechts wegklicken, oben und unten anklicken und die Doppellinie wählen.

Rahmen und Schattierung

Rahmen | Seitenrand | Schattierung

Füllung

Vorschau

Muster

Linienart: Dunkel horizontal

Farbe: Automatisch

Hier finden Sie ganz unten auch quergestreifte Linienmuster.

10.2 Text mittels Textfelder anordnen

➢ Den restlichen Text in zwei Textfeldern anordnen und Linienfarbe und Schriftart einstellen:

    ✎ Im Menü Einfügen über das Symbol ein einfaches Textfeld einfügen, dann anordnen und Größe passend einstellen.

    ✎ Mit gedrückter Maustaste auf den Randlinien können Textfelder verschoben, an den Anfasserpunkten in der Größe geändert werden.

    ✎ Die Textfelder einstellen: auf der Randlinie die rechte Maustaste drücken und „Form formatieren" wählen, dann bei Füllung z.B. wie abgebildet 50% Transparenz einstellen oder die Füll- und Linienfarbe ganz abschalten.

> Wenn das erste Textfeld fertiggestellt ist, dieses kopieren, nach rechts verschieben und Text überschreiben – so muss nicht doppelt eingestellt werden.

➢ Die Internet-Adresse als WordArt (s. erster Band) einfügen. Die gebogene Form kann bei Zeichentools/Texteffekte/abc Transformieren gewählt werden.

➢ Abschließend ClipArts einfügen (Beschreibung folgt nächste Seite), positionieren und die Größe von dem Text und den ClipArts so weit variieren, bis die Aufteilung passt.

> Probieren Sie auch einmal die vorgefertigten Textfelder.

Ungefähr so sollte es werden:

10.3 ClipArt einfügen

Diese verschiedenen Möglichkeiten gibt es:

- ♦ Mit Einfügen/Bilder: ein beliebiges Bild (Foto, ClipArt) einfügen. Es erscheint ein Fenster ähnlich dem Windows Explorer, um die Bilddatei von Ihren Datenträgern auszuwählen.

Scannen

- ✎ Bilder scannen: mit der Software Ihres Scanners oder einem Fotoprogramm zunächst scannen und als Foto speichern, dann im Word mit obigem Befehl laden.

- ♦ Mit Einfügen/Onlinebilder wird eine MS Fotogalerie gestartet, die im Internet gespeicherte Fotos sortiert in Ordner, z.B. Flugzeuge, Blumen usw. anzeigt.

- ♦ Piktogramme: kleine schwarz-weiß-Symbole, 3D-Modelle: eine kleine Auswahl räumlich gezeichneter Objekte. SmartArt: für Flußdiagramme.

- ➢ Wählen Sie im Menü Einfügen ein oder zwei 3D-Modelle.

- ➢ Suchen Sie im Internet nach „ClipArt Party", laden Sie ein oder zwei herunter und speichern diese auf Ihrer Festplatte, dann mit Einfügen/Bilder in das Dokument einfügen und anordnen.

Der Seitenhintergrund:

- ➢ Damit Sie die Textrahmen leichter anordnen können, auf einer Randlinie die rechte Maustaste drücken, dann bei „Textumbruch" „Vor den Text".

- ➢ Einen Seitenhintergrund können Sie bei Entwurf/Seitenfarbe/Fülleffekte ergänzen, z.B. eine Voreinstellung.

- ✎ Schauen Sie sich auch bei der Karteikarte Struktur die sehr schönen grafischen Hintergründe an.

10.4 Bilder bearbeiten

Auch das kann Word. Selbst fertige ClipArts können geändert werden.

- ➢ Auf einem ClipArt die rechte Maustaste drücken, dann Gruppieren-Gruppierung aufheben wählen. Die Meldung „… umgewandelt werden" ggf. bestätigen.

- ✎ Gruppieren ist nur aktiv, wenn das ClipArt aus mehreren Elementen gezeichnet wurde, die gruppiert wurden.

Anschließend stehen Ihnen alle Befehle zur Verfügung, die Sie bereits beim Zeichnen kennengelernt haben.

- ➢ Markieren Sie die einzelnen Elemente: gewünschtes anklicken und wechseln Sie manche Farben: oben auf Zeichentools klicken, dann indem Sie die Füllfarbe mit dem Farbeimer ändern.

Ebenso können Sie Elemente verschieben, kopieren, löschen oder die Größe ändern. Natürlich kann die Auswahl bei mehreren Objekten schwierig sein. Beachten Sie beim Anklicken die Anfasserpunkte.

- ✎ Wenn Sie die Grafik zu sehr verunstaltet haben, rückgängig machen oder löschen und neu einfügen.

10.5 Die Grafik-Symbolleiste

Wenn Sie ein eingefügtes ClipArt oder ein Foto anklicken und oben Bild- oder Zeichentools, bzw. Bildtools wählen, erscheint eine Symbolleiste mit vielen Möglichkeiten:

Der Textumbruch bestimmt, ob der Text um die Grafik herum fließt wie in einer Zeitung oder ob der Text vor oder hinter der Grafik weiterläuft, um die Grafik z.B. als Hintergrund zu verwenden.

Bei „Farbe" finden Sie diese interessanten Optionen:

- ♦ Vorschaubilder: heller, dunkler oder in schwarz-weiß umwandeln.

- ♦ Weitere Varianten: alle Farben werden durch die gewählte Farbe ersetzt.

- ♦ Transparente Farbe bestimmen: Sie können mit der Pipette eine Farbe anklicken, die ausgeblendet, also transparent, wird.

  - ✋ Damit kann z.B. ein unerwünschter einfarbiger Hintergrund um ein Objekt weggeschnitten werden.

  - ✋ Geht nur bei Fotos und nur für einen Farbton, nicht für Farbverläufe wie z.B. einen Himmel, der aus hell- und dunklerem blau besteht.

- ♦ Bildfarboptionen: das komplette Menü wird geöffnet, einige Optionen sind jedoch nur für Fotos, andere für Grafiken verfügbar.

> Falls der Zeilenabstand mit Genau eingestellt ist sowie Textfluß „mit Text in Zeile", zeigt Word auch bei der Grafik wirklich nur diese Zeilenhöhe an, der Rest des Bildes wird abgeschnitten. Ggf. den Zeilenabstand nicht auf genau einstellen oder bei der Grafik einen anderen Textfluß.

- ♦ Sie können auch den Windows Explorer verwenden und von dort Bilder zu Word hinüberziehen.

Für Word optimal sind wmf-Vektordateien oder Bilder im jpg- oder png-Format. Hier ist es hilfreich, wenn die Dateiendungen sichtbar sind.

Kapitel
11

11. Brief mit Grafikelementen

Brief ist nicht gleich Brief. Ein paar einfache Linien verwandeln den Brief zu einem Design. Den Briefkopf, der sich, falls der Text zwei oder mehr Seiten lang wird, auf jeder neuen Seite wiederholen soll, setzen wir in die Kopfzeile. Eine Abbildung finden Sie nach der Beschreibung.

11.1 Die Kopfzeile

Der Briefkopf wird, wie bereits erwähnt, in die Kopfzeile gesetzt, denn was in der Kopf- oder Fußzeile eingetragen wird, wiederholt sich automatisch auf jeder Seite.

Die Kopf- oder Fußzeile:

Kopfzeile

Kopf- und
Fußzeile schließen

- ◆ Nur beim ersten Mal im Menü Einfügen bei Kopfzeile aktivieren, danach genügt Doppelklicken auf die Kopf- oder Fußzeile zum Öffnen,
   - ✎ zum Verlassen in der Symbolleiste … schließen drücken oder einfach im Textbereich doppelklicken.
- ◆ Bei Layout/Seitenränder/benutzerdefinierte Seitenränder auf der Kartei-karte Layout kann der Abstand der Kopf- oder Fußzeile zum Papierrand eingestellt werden. Die tatsächliche Größe der Kopf- oder Fußzeile rich-tet sich nach dem eingetragenen Text.

Zur Übung:

- ➢ Mit Einfügen/Kopfzeile/leer gelangen Sie in die Kopfzeile.
   - ✎ Sie finden im Abrollmenü Kopfzeile bereits einige voreingestellte Kopfzeilen. Zur Übung werden wir unsere erste Kopfzeile jedoch ma-nuell einrichten, danach werden Sie die vorgefertigten auch leicht verstehen.

WordArt

- ➢ Auf der Karteikarte Einfü-gen mit WordArt das Fir-menlogo erstellen, darun-ter die Adresse mit Kapitäl-chen und Sonderzeichen zentriert schreiben.

- ➢ Kopfzeile schließen und die Adressenwiederholung ganz klein auf 8 pt Schrift-größe einstellen.

- ➢ Zeichnen Sie die Linie (Einfügen/Formen) zur Abgrenzung.

11.2 Zeichnungsteile fest anordnen

Zeichnen Sie eine kurze dünne, gepunktete Linie im linken Seitenrand als Falthilfe. Diese Linie soll sich nicht mit dem Text verschieben und exakt bei 10 cm angeordnet werden:

➢ Linie anklicken und bei Zeichentools/Position/Weitere Layoutoptionen für die vertikale Position 10 cm vom Seitenrand eintragen.

    ✆ Dadurch schaltet sich „Objekt mit Text verschieben" automatisch ab, so dass die Linien nicht mehr mit dem Text wandern.

➢ Diese Linie kopieren und die Kopie bei 20cm anordnen.

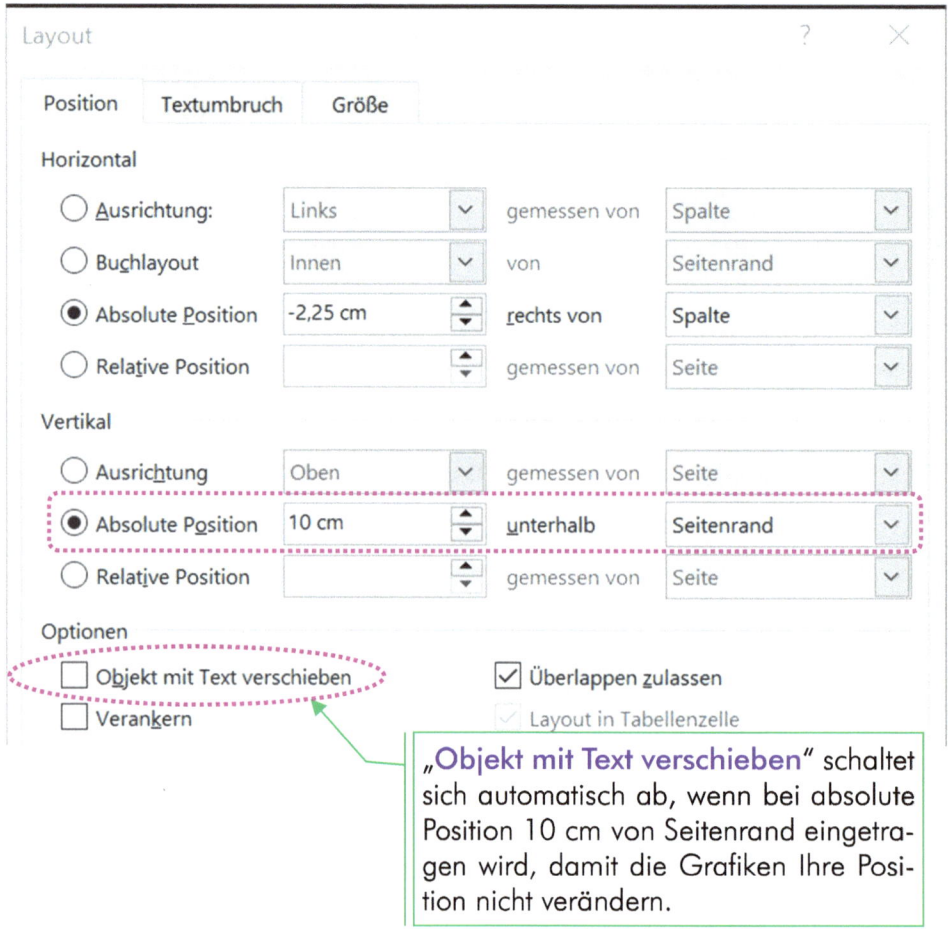

„Objekt mit Text verschieben" schaltet sich automatisch ab, wenn bei absolute Position 10 cm von Seitenrand eingetragen wird, damit die Grafiken Ihre Position nicht verändern.

♦ **Objekt mit Text verschieben**: das ClipArt hängt mit einem Anker an dem Absatz davor und verschiebt sich mit diesem.

♦ Durch Verankern wird der Anker diesem Absatz fest zugeordnet. Der Anker bleibt bei diesem Absatz, auch wenn Sie das Bild verschieben.

    ✆ Nur für Problemfälle, z.B. bei mehrspaltigem Text, erforderlich.

    ✆ Wenn Sie fest verankern wollen, sollten Sie die Zeichnungsanker sichtbar einstellen, was bei Datei/Optionen auf der Karteikarte Anzeige möglich ist:

       ☐ Bedingte Trennstriche ⌐

       ☐ Objektanker ⚓

       ☑ Alle Formatierungszeichen anzeigen

11.3 Bild als Wasserzeichen

Jetzt fügen wir ein Bild als Wasserzeichen hinzu.

♦ Wir könnten dies mit Entwurf/Wasserzeichen/benutzerdefiniertes Wasserzeichen oder Entwurf/Seitenfarbe/Fülleffekte/Grafik – bei beiden Methoden ist jedoch die Anordnung als Seitenhintergrund schwierig.

➢ Einfügen-Onlinebilder, dann bei „Suchen nach: sailing" eintragen und mit Return oder OK bestätigen. Ein Segelboot einfügen.

Bild als Wasserzeichen einstellen:

➢ Weisen Sie dem Foto eine Bildformatvorlage zu:

➢ Verkleinern Sie das Bild, schieben es in die rechte untere Ecke und probieren Sie einen künstlerischen Effekt, der das Foto ähnlich einem Wasserzeichen aufhellt:

➢ Speichern nicht vergessen! Der Brief wird später noch einmal gebraucht.

Segel- und Surfverein

am nassen See

Platschstr. 56 ✦ 363636 Feucht
☎567 / 5 57 57 ▤ 567 / 5 57 58

Segel- und Surfverein am Nassen See
Platschstr. 56 ➲ 363636 Feucht

«Vorname» «Name»
«Adresse1»

«Postleitzahl» «Ort»

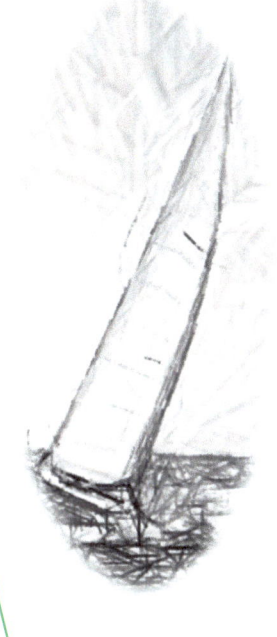

Sehr geehrte Damen und Herren,

Eine Lücke für den Text. Vergessen Sie nicht, am besten gleich vor dem Ausfüllen, den Brief mit „Speichern unter" unter neuem Dateinamen zu sichern.

Mit freundlichen Grüßen

Die Fußzeile wird mit einer blauen Linie vom übrigen Brief getrennt.

Vorstand:
Dr. Müller Ente
Heinz-Michael Wasserblau

Bankverbindung:
Wellenbank, BIC DEDEW848e7
IBAN DE5959545265997595495757545794597

12. Eine Präsentation

In diesem Kapitel dürfen Sie die Formatvorlagen anwenden. Außerdem werden wir Spalten erstellen, eine Kopfzeile sowie Bilder und Tabellen einfügen. Die fertige Übung finden Sie am Ende dieses Kapitels.[3]

12.1 Spalten erstellen

Als erstes stellen wir das Seitenformat ein.

> ➢ Öffnen Sie den Übungstext Zucker.

> ➢ Auf der Karteikarte Layout die Seite einrichten: Querformat und oben 3 cm Seitenrand, weil dort die Überschrift in die Kopfzeile gesetzt wird, sonst die Seitenränder auf 1 cm reduzieren (benutzerdefiniert).

Jetzt fehlen noch die drei Spalten:

> ➢ Bei Spalten könnten Sie die Voreinstellung 3 Spalten wählen, doch im Menü „Mehr Spalten" können Sie den Abstand zwischen den Spalten einstellen.

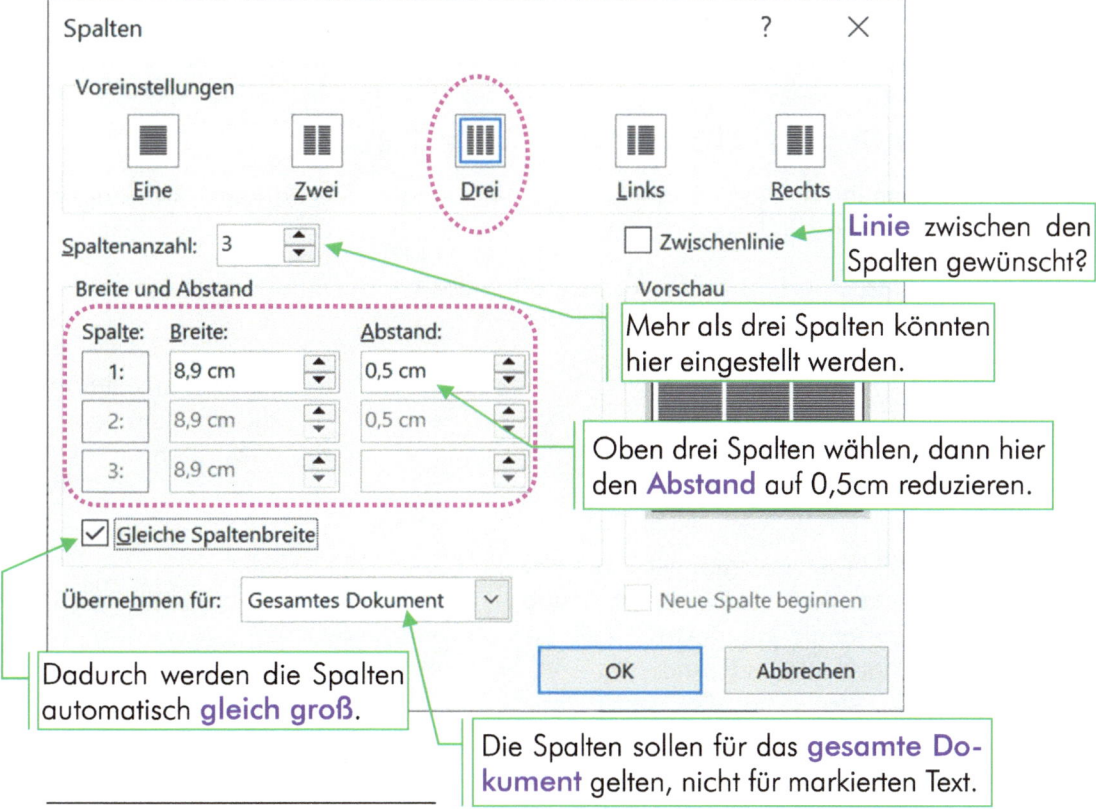

---

[3] Dieser Zuckerhut-Text ist ein leicht modifizierter Beispieltext einer der ersten MS Word-Versionen.

> Wenn nur ein Absatz mehrspaltig eingestellt werden soll:
> Absatz markieren und unten „Übernehmen für: Markierten Text".

➢ Speichern Sie die Übung mit Datei-Speichern unter in Ihren Übungsordner, damit die Originaldatei nicht überschrieben wird.

> ✥ Beim Speichern als Dateityp „Word-Dokument" (ganz oben in der Abrollliste) wählen, damit im aktuellen Word-Format gespeichert wird.

12.2 Mit Formatvorlagen formatieren

Jetzt haben Sie drei gleich große Spalten. Aus dem unformatierten Text wird mit Formatvorlagen schnell ein druckfertiges Dokument. In den meisten Texten gibt es folgende Textblöcke:

> Titelblatt, Vorspann, Inhaltsverzeichnis
> Überschriften: Überschrift 1-Überschrift 2 usw.
> normaler Text: Textkörper und Standard
> spezieller Text: Bullet, Aufzählung
> Textende: Anhang, Quellenangaben usw.

Der Titel kann ohne Formatvorlage eingestellt werden, da es sich um einen Einzelfall handelt.

➢ Weisen Sie den Hauptüberschriften die Formatvorlage Überschrift 1 und den Tabellenüberschriften Überschrift 2 zu.

> Für die Formatvorlagen Überschrift 1, 2 und 3 sind bereits die Shortcuts [Alt]-1, 2 und 3 eingerichtet. Sparen Sie sich Arbeit, indem Sie diese Shortcuts benutzen.

[Alt]-1, 2, 3

12.2.1 Formatvorlagen über das Menü einstellen

Es gibt mehrere Möglichkeiten, um eine Formatvorlage anders einzustellen. Wir beginnen mit der einfachsten.

➢ Eine Überschrift 1 anklicken, dann das Formatvorlagenmenü öffnen:

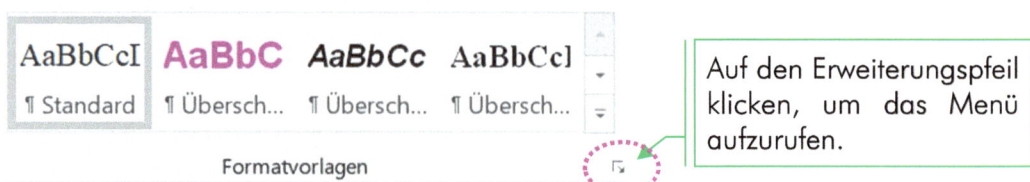

Auf den Erweiterungspfeil klicken, um das Menü aufzurufen.

Nun im Formatvorlagenmenü auf der bereits markierten Überschrift 1 (da eine Überschrift 1 angeklickt war) die rechte Maustaste und „Ändern":

➢ Stellen Sie dort bei der Schaltfläche **Format** (unten links) bei Absatz und Schriftart ein:

    ✤ Arial 14 pt, fett, Farbe Blau, linksbündig,

    ✤ Zeilenabstand einfach, Abstand vor 18 pt, nach 6 pt.

Die Unterüberschrift:

➢ **Überschrift 2** für die Tabellenüberschriften so formatieren:

    ✤ basiert auf: Überschrift 1, Schriftgröße auf 12 pt, Abstand vor auf 6 pt ändern.

Im Formatvorlagen-Menü finden Sie oben:

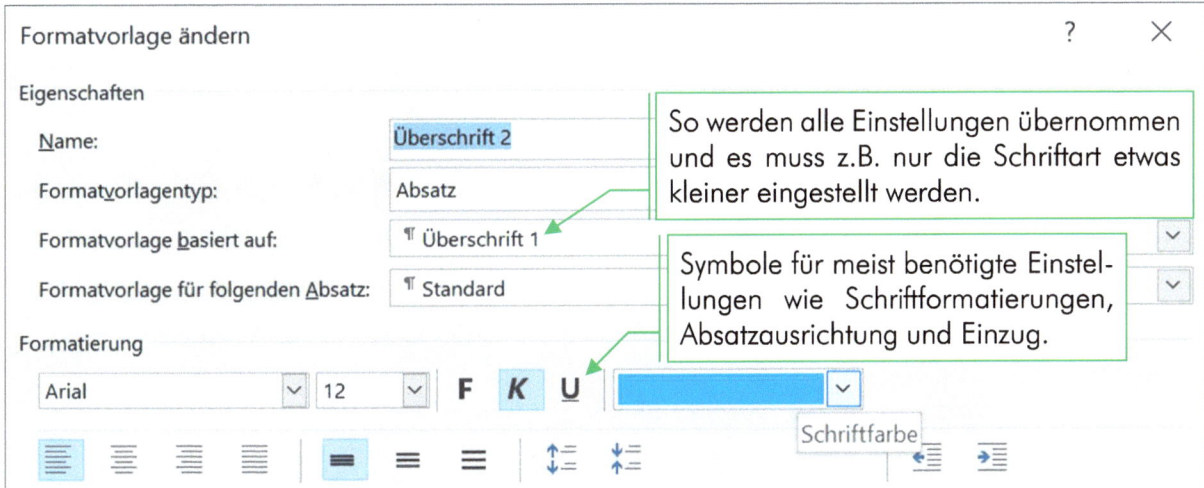

◆ Unten links bei der **Schaltfläche Format** geht es zu allen Einstellmöglichkeiten, z.B. Format-Absatz für den Abstand.

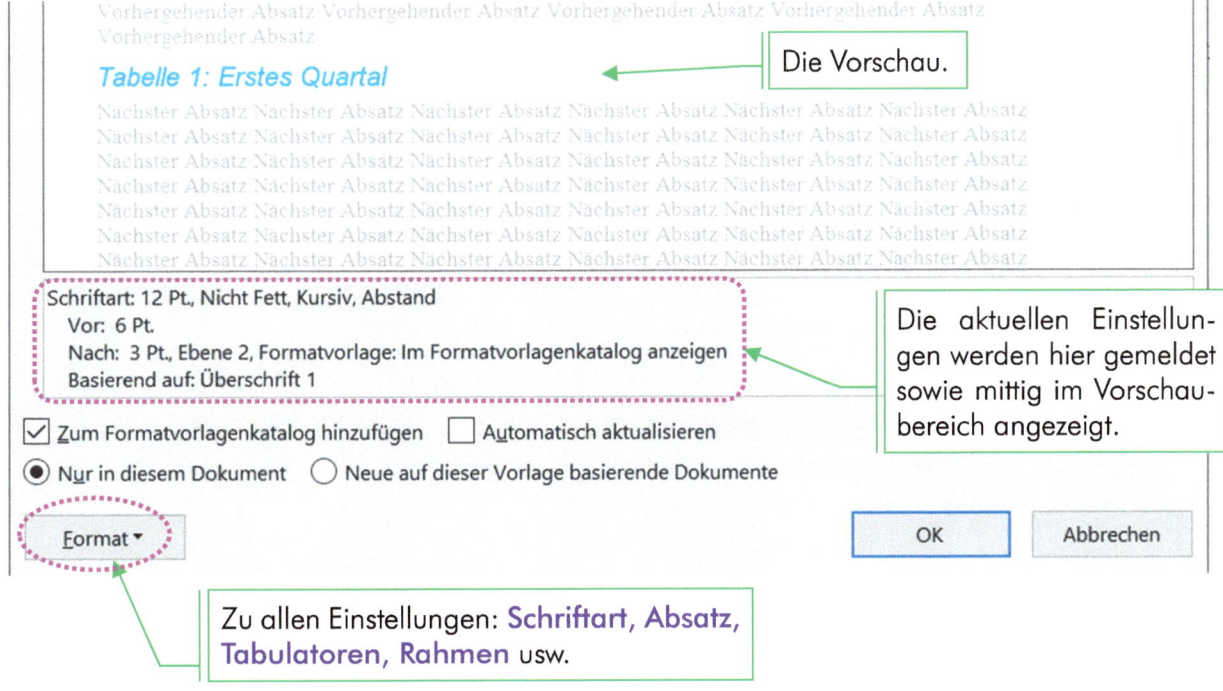

12.2.2 Formatvorlage aktualisieren

Es gibt eine weitere praktische Methode, um Einstellungen in die Formatvorlage zu übernehmen.

➢ **Markieren** Sie den ersten Textblock komplett z.B. durch dreimal schnell klicken und stellen für den normalem Text ein:

    ✎ Schrift Arial mit 12 pt Schriftgröße, Blocksatz, ZA einfach.

➢ Jetzt im Formatvorlagen-Menü auf der Formatvorlage **Standard** die **rechte Maustaste** drücken und „Standard aktualisieren, um der Auswahl zu entsprechen".

➢ Kontrollieren Sie, ob die **Silbentrennung** aktiviert ist, damit die Zeilen durch den Blocksatz nicht zu weit auseinandergezogen werden (Layout/Silbentrennung/automatisch).

12.2.3 Neue Formatvorlage erstellen

Fast jeder Text kommt mit folgenden Formatvorlagen aus: Standard, Überschrift 1, 2, 3 und ein oder zwei Spezialabsätze, z.B. hängend oder Zitat.

Erstellen Sie die **Formatvorlage Bullet** für die Absätze mit den Aufzählungszeichen nach „Höhepunkte/Haupterfolge" und „Perspektiven".

➢ Einen dieser Absätze wie üblich „von Hand" ohne Formatvorlagen einstellen:

    ✎ Wählen Sie ein schönes Aufzählungszeichen,

    ✎ zusätzlich aufbauend auf Standard,

    ✎ eingerückt um 0,5 cm sowie Hängend um 0,5 cm statt der Voreinstellung 0,63

    ✎ Abstand vor und nach jeweils 3 pt.

➢ Die an einem Absatz gerade vorgenommen Einstellungen als neue Formatvorlage speichern: **rechte Maustaste** darauf, das **Symbol Formatvorlage** anklicken und im Abrollmenü „Neue Formatvorlage erstellen".

Formatvorlagen

    ✎ Als Name der Formatvorlage dabei **Bullet** eintragen.

12.2.4 Neue Formatvorlage zuweisen

➢ Weisen Sie **Bullet** nun auch den anderen Absätzen zu.

    ✎ Absatz anklicken oder Absätze markieren und entweder in der **Formatvorlagen-Schnellauswahl** eine Formatvorlage wählen oder mittels dem **Formatvorlagen-Menü**:

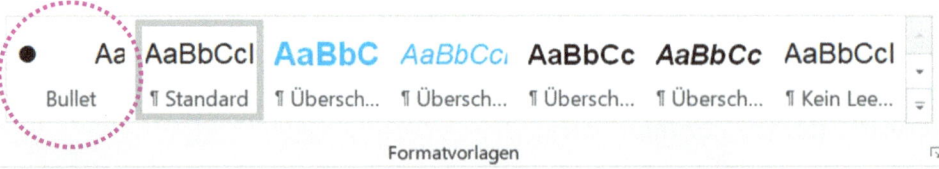

Formatvorlagen

♦ Wenn Sie zusammenstehende Absätze markieren, brauchen Sie nur einmal auf Bullet umzuschalten.

✎ Hinweis: die Absätze müssen nicht vollständig markiert sein.

Eine Abbildung der fertigen Übung, der Sie auch entnehmen können, welche Absätze mit welchen Formatvorlagen formatiert werden sollen, finden Sie am Ende dieses Kapitels.

12.3 Die Tabelle

Jetzt wird es Zeit für die erste Tabelle. Der Text ist lediglich durch Tabulatoren getrennt.

Das ist ein häufiges Phänomen:

♦ wenn Sie z.B. aus zehn Referaten einer Tagung eine Broschüre erstellen sollen, so sind einige Tabellen mit Tabulatoren eingestellt,

♦ oder wenn Daten aus anderen Programmen übernommen werden, sind anstelle der Spalten oft Trennzeichen (Tabulatoren, Strichpunkt, Komma) zwischen den Spalten vorhanden.

12.3.1 Text in Tabelle umwandeln

Kein Problem für Word, denn wir können Text in eine Tabelle und umgekehrt umwandeln.

➢ Markieren Sie den Text nach Tabelle 1, der in die Tabelle gehört.

➢ Wählen Sie auf der Karteikarte Einfügen:
Tabelle/Text in Tabelle umwandeln:

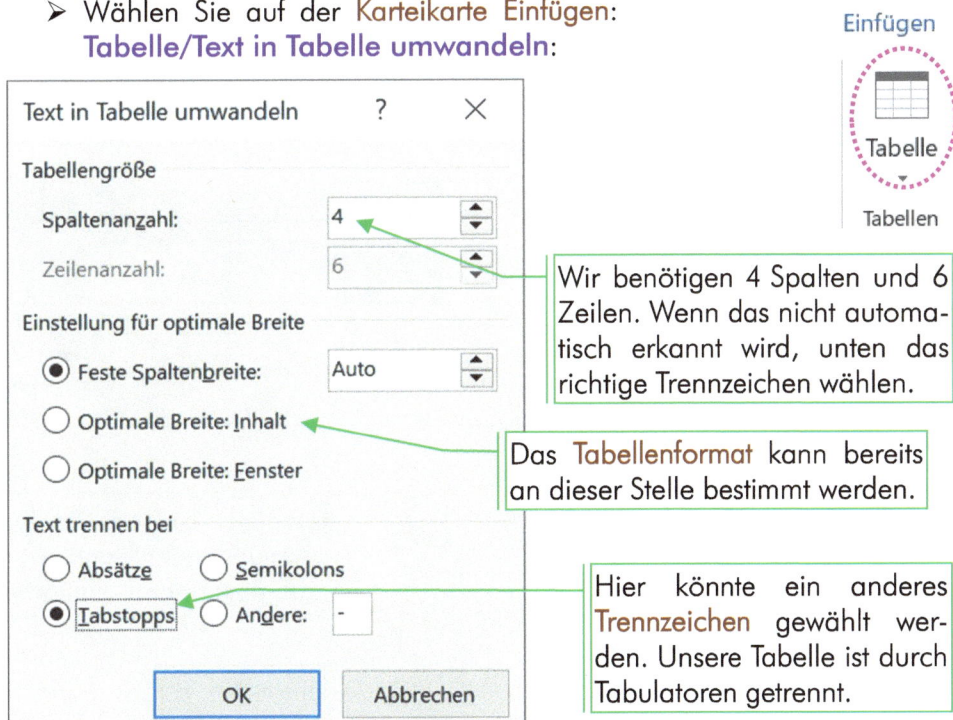

12.3.2 Tabelle einstellen

Jetzt wird die Tabelle fertig formatiert:

	Januar	Februar	März
Verkäufe pro Monat	40	65	65
Verkaufs-vorhersage	45	78	45
Gesamt-verkäufe	40	106	172
Gesamtvor-hersage	**45**	**123**	**169**

> Genau über der Spaltenlinie wechselt der Mauspfeil. Dann kann die Spalten-breite durch Ziehen mit der Maus verändert werden.

> Markieren Sie diese Zeile. Darauf rechte Maus-taste/Zellen verbinden und es wird eine große Zelle.

> Die Trennungen stimmen oft nicht und sollten kontrolliert werden.

> Tabelle markieren, rechte Maus-taste/Tabelleneigenschaften und bei Zelle vertikal zentrieren.

Denken Sie daran:

♦ Zellen verbinden erst am Ende.

♦ Wenn Sie etwas einstellen wollen, zuerst das Richtige markieren.

   ✎ Mit der rechten Maustaste auf dem markierten Bereich, z.B. auf einer markierten Spalte, erscheinen meist die passenden Befehle.

So spart die rechte Maustaste oft die Sucherei nach dem richtigen Befehl.

12.3.3 Füllung und Linien

Bei Rahmen und Schattierung sind alle Füllungseinstellungen zusammengefasst, aber auch direkt bei den Tabellentools sind einige interessante Einstellungen zu finden, z.B. die Tabellenformatvorlagen:

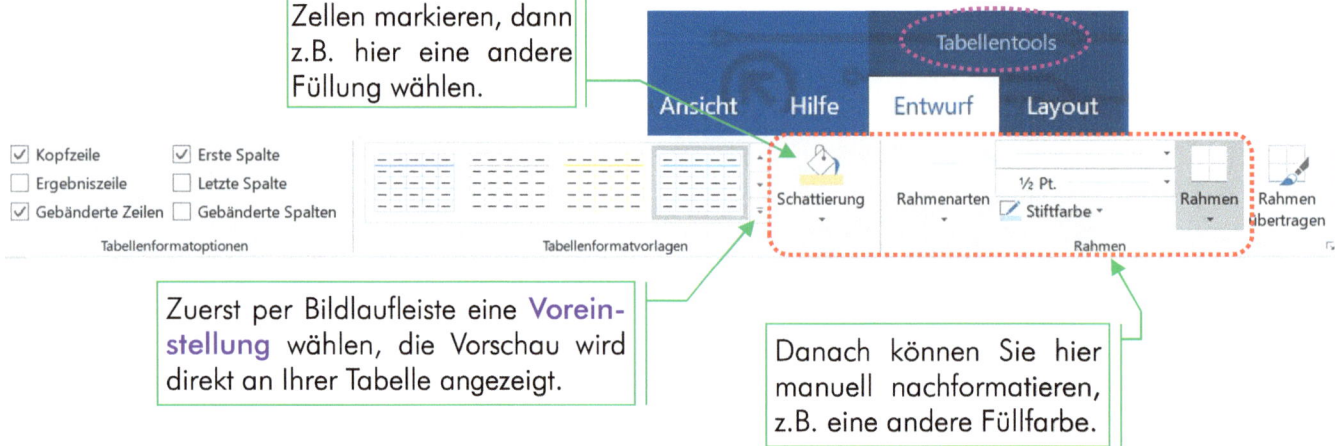

> Zellen markieren, dann z.B. hier eine andere Füllung wählen.

> Zuerst per Bildlaufleiste eine Vorein-stellung wählen, die Vorschau wird direkt an Ihrer Tabelle angezeigt.

> Danach können Sie hier manuell nachformatieren, z.B. eine andere Füllfarbe.

Praktisch:

♦ Sie können jede Zeile oder Spalte individuell einstellen, sofern markiert entweder über die Tabellentools, die Tabelleneigenschaften oder wie normaler Text bei Start, z.B. für die Schriftart und -größe.

> Kontrollieren Sie mit Probeausdrucken, denn gerade bei Füllungen wirkt der Ausdruck oft anders als auf dem Bildschirm angezeigt.

12.4 Diagramm einfügen

> ➤ Mit Einfügen/Bilder können Sie bei den Übungstexten die Datei Zuckerhut Umsatzgrafik einfügen.

>> ✋ Cursor natürlich vorab an die gewünschte Einfügeposition setzten.

> ➤ Rechte Maustaste auf der Grafik und Sie können bei Textumbruch z.B. „mit Text in Zeile" wählen oder „Vor, bzw. Hinter den Text" und dann den Freiraum für die Grafik durch leere Absatzmarken erzeugen.

Jetzt muss der Text in den ersten beiden Spalten angepasst werden:

> ➤ Verändern Sie Schriftgröße, Zeilenabstand und Absatzabstand (nur in der jeweiligen Formatvorlage!), bis die Anordnung wie auf der Vorlage erreicht ist.

12.4.1 Das Firmenlogo

besteht aus einem ClipArt (= der Rahmen) und dem Text, der in ein Textfeld gesetzt ist, um diesen in die Mitte des Rahmens schieben zu können.

> ➤ Wählen Sie: Einfügen/Bilder, um das Bild plaket1.wmf einzufügen, ebenfalls bei den Übungstexten zu finden.

> ➤ Schieben Sie das Bild an die richtige Stelle am Ende des Textes und verbreitern Sie das noch runde Bild zu dem abgebildeten ovalen Rahmen.

Den Text ergänzen:

Textfeld

> ➤ Ziehen Sie ein Textfeld (Einfügen/Textfeld/einfaches Textfeld) und schreiben Sie Zuckerhut GmbH hinein, Textgröße und -farbe einstellen.

> ➤ Dann auf dem Textfeld die rechte Maustaste drücken und AutoForm formatieren wählen, vor allem die Füllung und Linie des Textfeldes mit „Linienfarbe: Keine Linie" ausblenden.

12.5 Die Kopfzeile

> ➤ Die Kopfzeile wird beim ersten Mal im Menü Einfügen mit Kopfzeile aktiviert. Eine passende Voreinstellung oder eine leere Kopfzeile wählen.

> ➤ Schreiben Sie Zuckerhut GmbH in die Kopfzeile und stellen Sie die Schriftgröße entsprechend groß ein, sowie den Text weit sperren (5 pt) und die Textfarbe ändern (blau).

> ➤ Wählen Sie bei dem Fülleimersymbol Rahmen und Schattierung, um den Hintergrund einzufärben.

Kopf- und
Fußzeile schließen

> ➤ Alles erledigt? Dann Kopfzeile schließen, entweder mit dem Symbol oder mit Doppelklicken: doppelklicken auf den Textbereich schließt die Kopfzeile, doppelklicken auf die Kopfzeile öffnet diese wieder.

12.6 Überschriften am Spaltenanfang

Word ist so voreingestellt, dass der Abstand vor einem Absatz nicht nach einem Abschnitts- oder Spaltenwechsel eingefügt wird, jedoch bei der ersten Überschrift. Die einfachste Abhilfe: bei der ersten Überschrift den Abstand vor abschalten.

ZUCKERHUT GMBH

Höhepunkte/Haupterfolge

- Im März überstiegen die Verkaufsresultate unsere geplanten Einnahmen. Ein neuer Monatsrekord also! Dieses außergewöhnlich gute Ergebnis verdanken wir vor allem unserer Ladenwerbung und der hervorragenden Leistung unseres Verkaufspersonals.

- Am 5. März: die neue Strategie und Produktplanung wurden dem stellvertretenden Geschäftsführer unterbreitet. Eine Zusammenfassung der Kommentare dieser Sitzung erhalten Sie von Paul Brach.

- Durch Versand einer Spezialausgabe des Frühjahrskatalogs wurden die regionalen Verkäufe um 50% erhöht.

Tabelle 1: Erstes Quartal

	Januar	Februar	März
Verkäufe pro Monat	40.982	65.832	65.929
Verkaufsvorhersage	45.200	78.300	45.900
Gesamtverkäufe	40.982	106.814	172.743
Gesamtvorhersage	45.200	123.500	169.400

Geschäftsbericht

Auch die Verkäufe des Monats März reflektieren die Tendenz zu steigenden Umsätzen in diesem Vierteljahr. Erstmals dieses Jahr haben wir das Soll überschritten:

Revidierte Aufstellung der Marktanteile

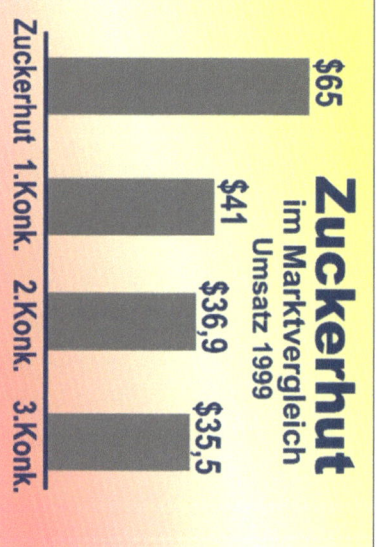

Perspektiven

- Aufgrund der verbesserten Verkaufsresultate im letzten Monat in Region 4 und entsprechender Vorhersagen für Zuckerhut Schokoladen, sehen wir nun für das Jahresende ein Gesamtvolumen von 1000 Einheiten pro Monat voraus. Damit steht Zuckerhut Schokoladen an erster Stelle!

- Aufgrund der verbesserten Verkaufsresultate im letzten Monat in Region 4 und entsprechender Vorhersagen für Zuckerhut Schokoladen, sehen wir nun für das Jahresende ein Gesamtvolumen von 1000 Einheiten pro Monat voraus. Damit steht Zuckerhut Schokoladen an erster Stelle!

- Die Umsatzsteigerung unserer Konkurrenten dürfte die Hälfte unserer voraussichtlichen Steigerung nicht überschreiten. Wir haben soeben den endgültigen Verkaufsbericht erhalten und freuen uns, ankündigen zu können, daß wir dieses Jahr Rekordverkäufe erzielt haben.

Tabelle 2: Zweites Quartal

Gesamtverkäufe pro Region	
Region 1	306
Region 2	312
Region 3	115
Region 4	235

Vierter Teil

Inhaltsverzeichnis

Ein Inhaltsverzeichnis, Kopfzeile, Seitenzahlen, ein Abschnittswechsel

────────

13. Ein Inhaltsverzeichnis

Word kann ein Inhaltsverzeichnis automatisch erstellen und ansprechend formatieren – eine sehr große Erleichterung, besonders weil das Inhaltsverzeichnis nach jeder Änderung automatisch aktualisiert werden kann.

13.1 Text formatieren

Auch diese Übung ist nicht fertig eingerichtet, sondern Sie sollen zuerst den Text formatieren.

➢ Öffnen Sie den Übungstext Inhaltsv.doc und am besten gleich in den Übungsordner speichern.

➢ Gehen Sie den Text durch und weisen Sie die Formatvorlagen Überschrift 1, 2 und 3 wie angegeben mit den Shortcuts zu.

♦ Benutzen Sie die Shortcuts, die für die Überschriften bereits eingerichtet sind:

↳ Überschrift 1 mit [Alt]-1,
↳ Überschrift 2 mit [Alt]-2,
↳ Überschrift 3 mit [Alt]-3.

Shortcuts sind Tastatur-Abkürzungen.

Stellen Sie die Überschriften folgendermaßen ein:

➢ Überschrift 1:

➢ Schrift Arial mit 20 pt Schriftgröße, fett,
➢ Abstand vor 30 pt, nach 12 pt, Linie unten mit 3 pt Abstand,
➢ Text und Linienfarbe dunkelblau.

➢ Überschrift 2: basierend auf Überschrift 1,

➢ aber ohne Linie und mit nur 16 pt Schriftgröße,
➢ Abstand vor: 18 pt, nach 6 pt.

➢ Überschrift 3: basierend auf Überschrift 2,

➢ 14 pt, fett + kursiv, Abstand vor 12 pt, nach 4 pt.

Hinweis: natürlich in den Formatvorlagen einstellen!

13.2 Suchen und Ersetzen

Sie werden sicherlich schon bemerkt haben, dass die Überschriften falsch geschrieben sind. Kein Schreib-, sondern ein häufiger Umwandlungsfehler, da der Text aus einem anderen Programm übernommen wurde.

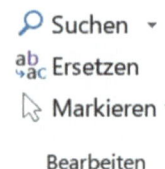

🔍 Suchen ▾
ᵃᵇ꜀ Ersetzen
▷ Markieren ▾

Bearbeiten

➢ Sie könnten gleich Start/Ersetzen wählen, aber wie möchten uns noch das Suchen Fenster anschauen: Start/Suchen oder [Strg]-F:

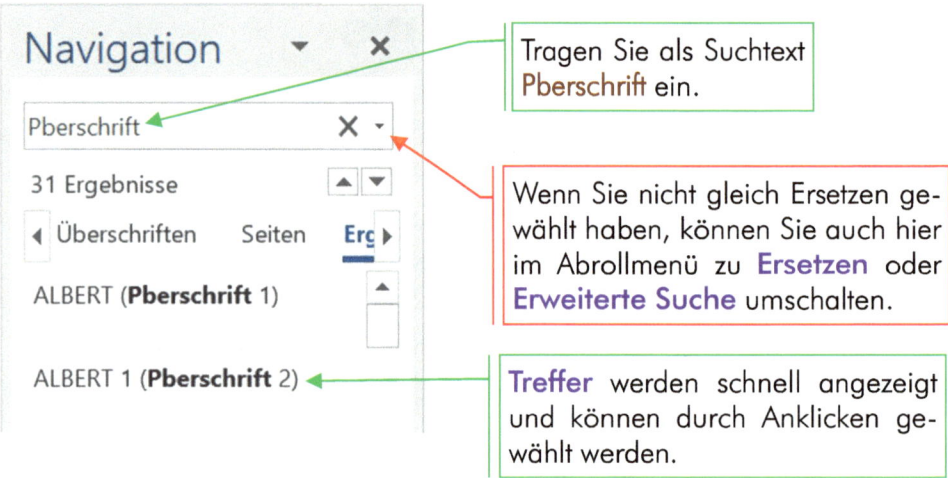

Tragen Sie als Suchtext Pberschrift ein.

Wenn Sie nicht gleich Ersetzen gewählt haben, können Sie auch hier im Abrollmenü zu Ersetzen oder Erweiterte Suche umschalten.

Treffer werden schnell angezeigt und können durch Anklicken gewählt werden.

➢ Auf einem der Wege weiter zu Ersetzen. Geben Sie das richtige Wort „Überschrift" bei Ersetzen durch an:

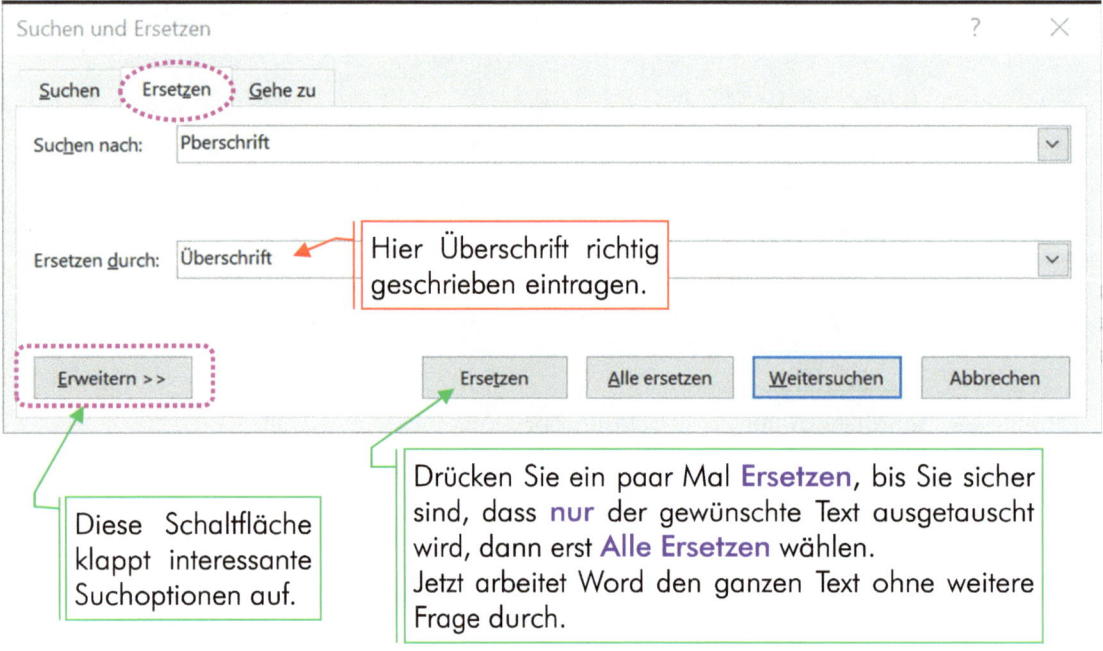

Hier Überschrift richtig geschrieben eintragen.

Diese Schaltfläche klappt interessante Suchoptionen auf.

Drücken Sie ein paar Mal Ersetzen, bis Sie sicher sind, dass nur der gewünschte Text ausgetauscht wird, dann erst Alle Ersetzen wählen.
Jetzt arbeitet Word den ganzen Text ohne weitere Frage durch.

◆ Wenn Sie während dem Ersetzen noch einen anderen Fehler finden, können Sie diesen direkt korrigieren:

   ✎ mit der Maus zweimal auf den Text klicken, Fehler ausbessern.

   ✎ Anschließend das noch geöffnete Suchen-Fenster anklicken und die Suche fortsetzen, evtl. nur mit Suchen: nach unten.

Die weiteren raffinierten Möglichkeiten, etwas ersetzen zu lassen, werden im dritten Band vorgestellt.

13.3 Inhaltsverzeichnis erstellen

Als Vorbereitung fügen wir eine leere Seite, auf die das Inhaltsverzeichnis eingefügt werden soll, nach dem Titelblatt ein.

➢ Gehen Sie an das Ende des Titelblattes. Ein paar leere Absatzmarken einfügen und mit [Strg]-[Return] einen zusätzlichen Seitenumbruch einfügen, so dass nun eine leere zweite Seite vorhanden ist.

Die Überschrift für das Inhaltsverzeichnis:

➢ Schreiben Sie Inhaltsverzeichnis über das Inhaltsverzeichnis, markieren und 20 pt sowie fett einstellen.

> Weil diese Überschrift „Inhaltsverzeichnis" nicht in das Inhaltsverzeichnis aufgenommen werden soll, dürfen Sie keinesfalls die Formatvorlage Überschrift verwenden.

Das Verzeichnis generieren:

Inhalts-
verzeichnis ▾

➢ Jetzt setzen Sie den Cursor unter der Überschrift auf diese leere Seite und wählen auf der Karteikarte Referenzen Inhaltsverzeichnis.

➢ Sie können aus dem Abrollmenü eine Voreinstellung wählen oder mit „benutzerdefiniertes Inhaltsverzeichnis" folgendes Einstellmenü öffnen:

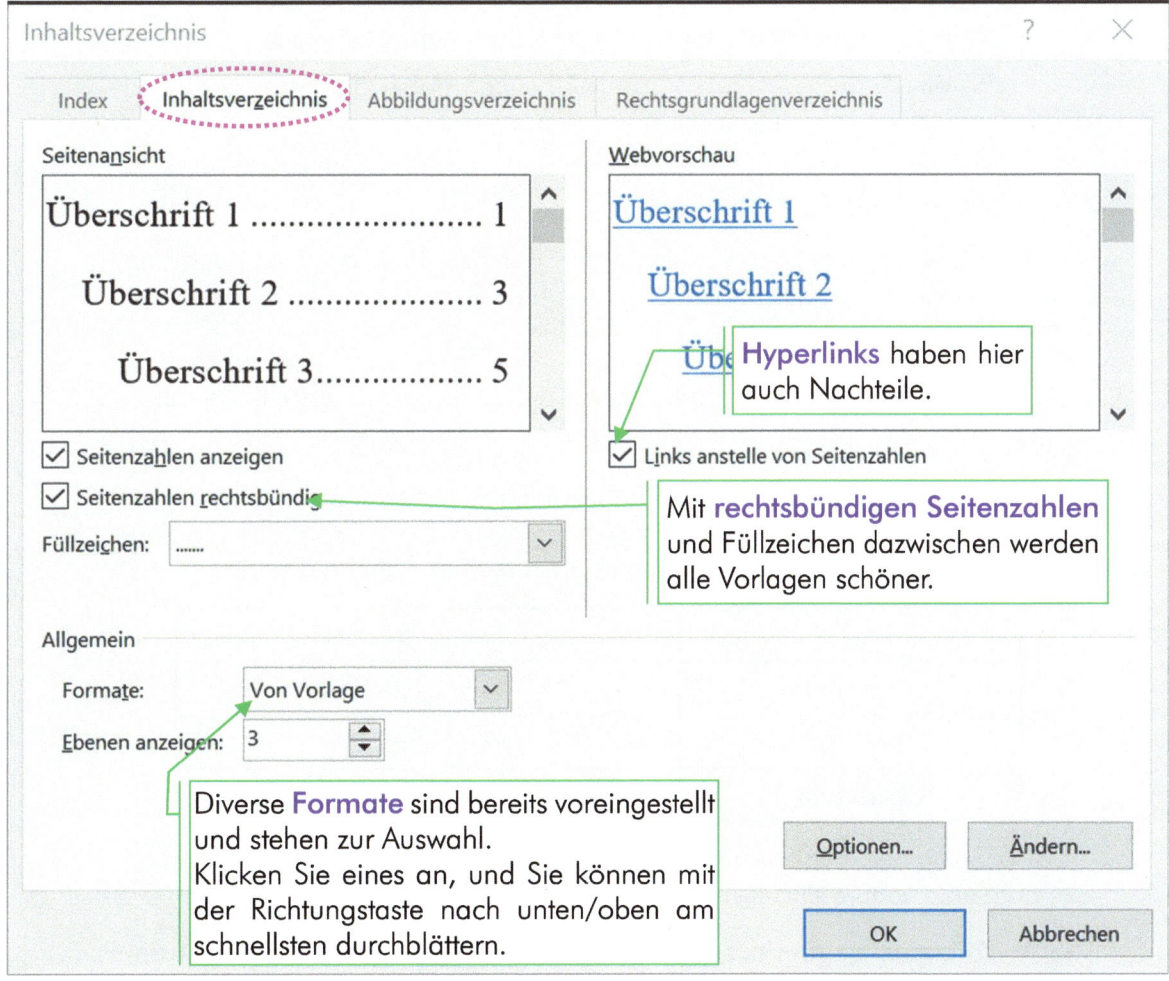

➢ Wählen Sie bei „Formate" eine Voreinstellung, mit OK die Aktion starten.

13.3.1 Inhaltsverzeichnis aktualisieren

Wenn Sie die Überschriften im Text geändert haben, können Sie das Inhaltsverzeichnis aktualisieren oder Sie generieren Sie das Inhaltsverzeichnis neu:

Die praktischste Möglichkeit:

➤ Über dem Inhaltsverzeichnis die rechte Maustaste drücken, dann Felder aktualisieren wählen.

    ↳ Sie werden anschließend gefragt, ob Sie nur die Seitenzahlen aktualisieren (z.B. bei Änderung der Schriftgröße)

    ↳ oder das gesamte Verzeichnis aktualisieren wollen, was notwendig ist, wenn Sie neue Kapitel ergänzt, umbenannt oder gelöscht haben.

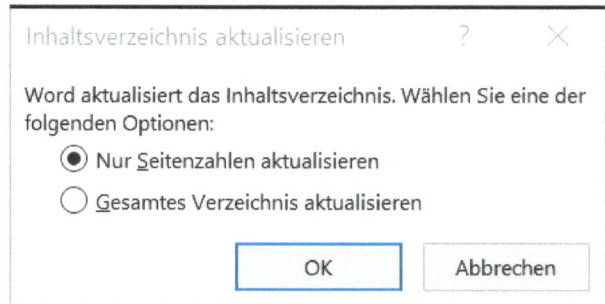

Folgende Operation können Sie von jeder beliebigen Textposition aus durchführen, weil sich Word das existierende Inhaltsverzeichnis sucht:

➤ Erneut ein Inhaltsverzeichnis einfügen und die erscheinende Frage „Soll das vorhandene Verzeichnis ersetzt werden" bestätigen.

    ↳ Mit „Formate:" „Von Vorlage" bleiben dabei die Formatierungen von dem alten Verzeichnis erhalten.

13.3.2 Inhaltsverzeichnis formatieren

Wenn Word ein Inhaltsverzeichnis erstellt, durchsucht es den Text nach den Formatvorlagen Überschrift 1, 2 und 3. Diese Texte werden kopiert und am Textanfang zusammengestellt.

> Ein Inhaltsverzeichnis kann daher nur automatisch erstellt werden, wenn die Überschriften-Formatvorlagen verwendet wurden!

Nun sollen die Überschriften im Inhaltsverzeichnis nicht mit einer ebenso großen und fetten Schrift gedruckt werden wie im Text. Deshalb werden die Formatvorlagen für das Inhaltsverzeichnis nach diesem Schema ersetzt:

Formatvorlagen im Text	Formatvorlagen im Inhaltsverzeichnis
Überschrift 1	Verzeichnis 1
Überschrift 2	Verzeichnis 2
Überschrift 3	Verzeichnis 3

Damit kann das Inhaltsverzeichnis über diese Formatvorlagen „Verzeichnis" unabhängig vom restlichen Text formatiert werden.

➤ Probieren Sie dies aus, indem Sie die Formatvorlage Verzeichnis 1 anders einstellen, z.B. mit einer anderen Schriftfarbe: bei Start das Formatvorlagen-Menü öffnen und auf Verzeichnis 1 rechte Maustaste/ändern.

13.3.3 Zur Formatvorlage „Hyperlink"

Hyperlink

- Hyperlinks kennen Sie aus dem Internet, diese sind wie Querverweise.
  - ✎ Durch Anklicken kann zu einer anderen Stelle oder Seite gesprungen werden.

- Hier beim Inhaltsverzeichnis bietet das den Vorteil, dass Sie bei gedrückter [Strg]-Taste durch Anklicken der Überschrift im Inhaltsverzeichnis zu der Überschrift im Text springen können.

Probleme beim Inhaltsverzeichnis wegen der Formatvorlage Hyperlink:

- Beim Anklicken ist zunächst die Formatvorlage Hyperlink gewählt. Um dennoch die Formatvorlagen Verzeichnis einstellen zu können, gibt es diese Wege:

  - ✎ Im Inhaltsverzeichnis links im Seitenrand klicken, damit die Inhaltsverzeichnis-Zeile markiert wird, dann wird die richtige Formatvorlage Verzeichnis angezeigt.

  - ✎ Oder manuell im Formatvorlagen-Menü die gewünschte Formatvorlage Verzeichnis 1, 2 usw. wechseln.

  - ✎ Oder von vornherein auf die Funktion „Hyperlink" bei Inhaltsverzeichnissen zu verzichten. Beim Erstellen eines Verzeichnisses die Schaltfläche ausschalten.

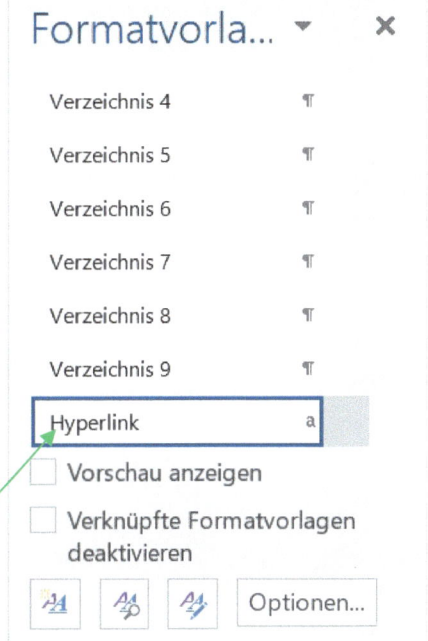

Mit „Hyperlinks" ist die tatsächliche Formatvorlage „Verzeichnis" nicht gewählt, obwohl im Verzeichnis angeklickt.

Zur Übung sollen die Überschriften 1 im Inhaltsverzeichnis invertiert (weißer Text auf schwarzem Hintergrund) eingestellt werden:

- ➢ Stellen Sie in der Formatvorlage Verzeichnis 1 ein: Schattierung 100% blau. Mit Textfarbe Auto wird der Text automatisch weiß, aber nur bei 100% Hintergrundfüllung.

  - ✎ 100% Füllung für Laserdrucker, auf Tintenstrahldruckern empfiehlt sich eine Schattierung von 60 bis 70%. Bei schattierten Werten ist Textfarbe Weiß statt Auto erforderlich. Ausprobieren.

Da bei den Verzeichnis-Formatvorlagen automatisch aktualisieren eingestellt ist, können wir auch manuell einen Absatz ändern, diese Änderungen werden automatisch in die Formatvorlage übernommen.

- ➢ Rücken Sie einen Absatz rechts im Lineal ein:

13.4 Überschriften nummerieren

Wahrscheinlich sind in Ihrem Inhaltsverzeichnis zwar die Seitenzahlen eingetragen, doch die Nummerierung der Überschriften fehlt noch.

Die Nummerierung der Überschriften wird nicht im Inhaltsverzeichnis, sondern
im Text in den Formatvorlagen „Überschrift" eingestellt und anschließend in
das Inhaltsverzeichnis beim nächsten Aktualisieren übernommen.

Im Text eine Überschrift 1 anklicken,
dann dieses Symbol und in der Abrollliste „Neue Liste mit mehreren
Ebenen definieren".

Es erscheint dieses Menü, zunächst unten links die Schaltfläche „Erweitern"
drücken, damit die Formatvorlagen-Schaltfläche eingeblendet wird:

Die erste Ebene wird eingestellt, diese
mit Überschrift 1 verbinden.

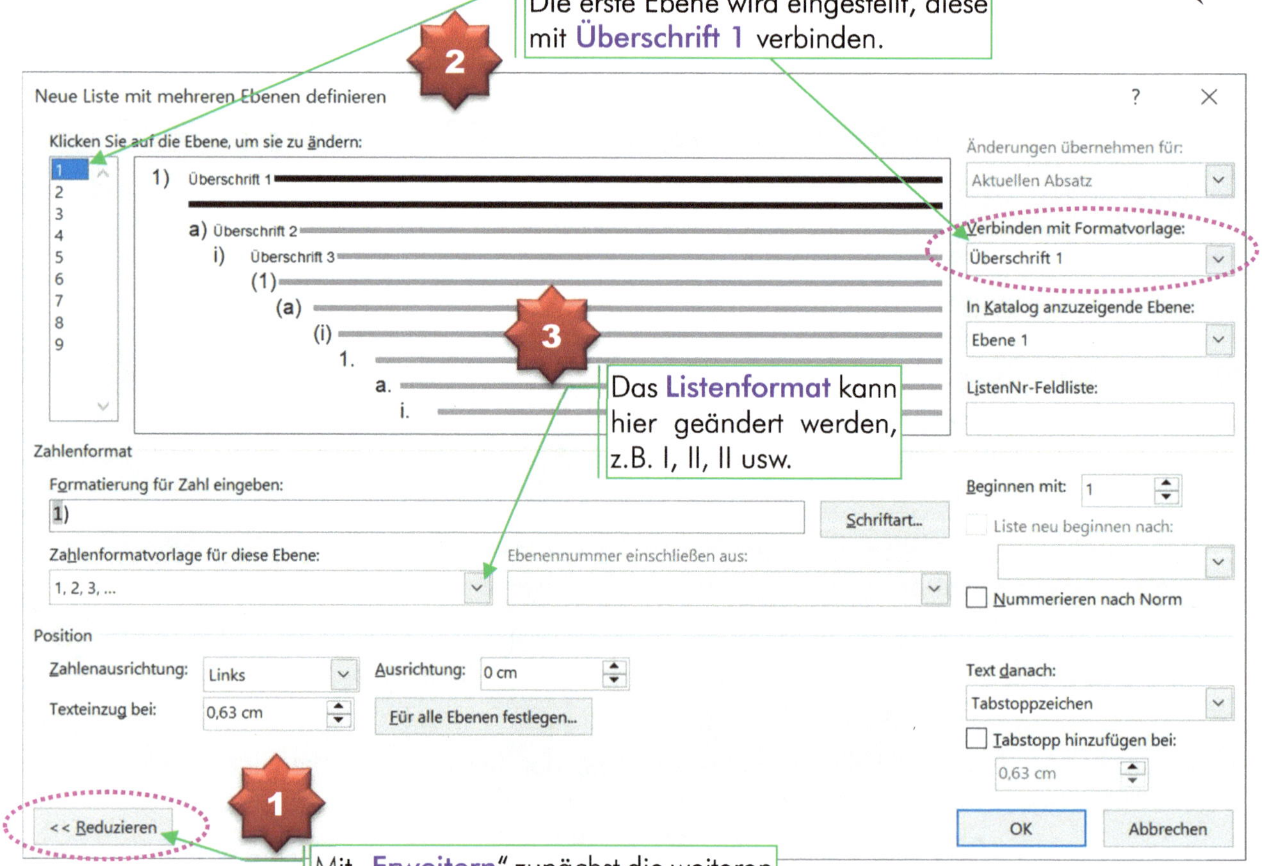

Neue Liste mit mehreren Ebenen definieren

Klicken Sie auf die Ebene, um sie zu ändern:

1) Überschrift 1
a) Überschrift 2
i) Überschrift 3
(1)
(a)
(i)
1.
a.
i.

Änderungen übernehmen für:
Aktuellen Absatz

Verbinden mit Formatvorlage:
Überschrift 1

In Katalog anzuzeigende Ebene:
Ebene 1

ListenNr-Feldliste:

Das Listenformat kann
hier geändert werden,
z.B. I, II, II usw.

Zahlenformat

Formatierung für Zahl eingeben:
1)   Schriftart...

Zahlenformatvorlage für diese Ebene:
1, 2, 3, ...   Ebenennummer einschließen aus:

Beginnen mit: 1
☐ Liste neu beginnen nach:
☐ Nummerieren nach Norm

Position

Zahlenausrichtung: Links   Ausrichtung: 0 cm
Texteinzug bei: 0,63 cm   Für alle Ebenen festlegen...

Text danach:
Tabstoppzeichen
☐ Tabstopp hinzufügen bei:
0,63 cm

<< Reduzieren   OK   Abbrechen

Mit „Erweitern" zunächst die weiteren
Einstellungen einblenden.

> Anschließend im Lineal den Abstand zwischen der Zahl und der Über-
schrift passend einstellen.

Nummerierung in das Inhaltsverzeichnis:

> Sobald Sie die Nummerierung eingestellt haben, können Sie das In-
haltsverzeichnis aktualisieren (gesamtes Verzeichnis aktualisieren),
um die Nummern auch in das Inhaltsverzeichnis aufzunehmen.

Weiter zur zweiten Gliederungsebene:

➢ Links **2** anklicken, rechts mit **Überschrift 2** und **Ebene 2** verbinden.

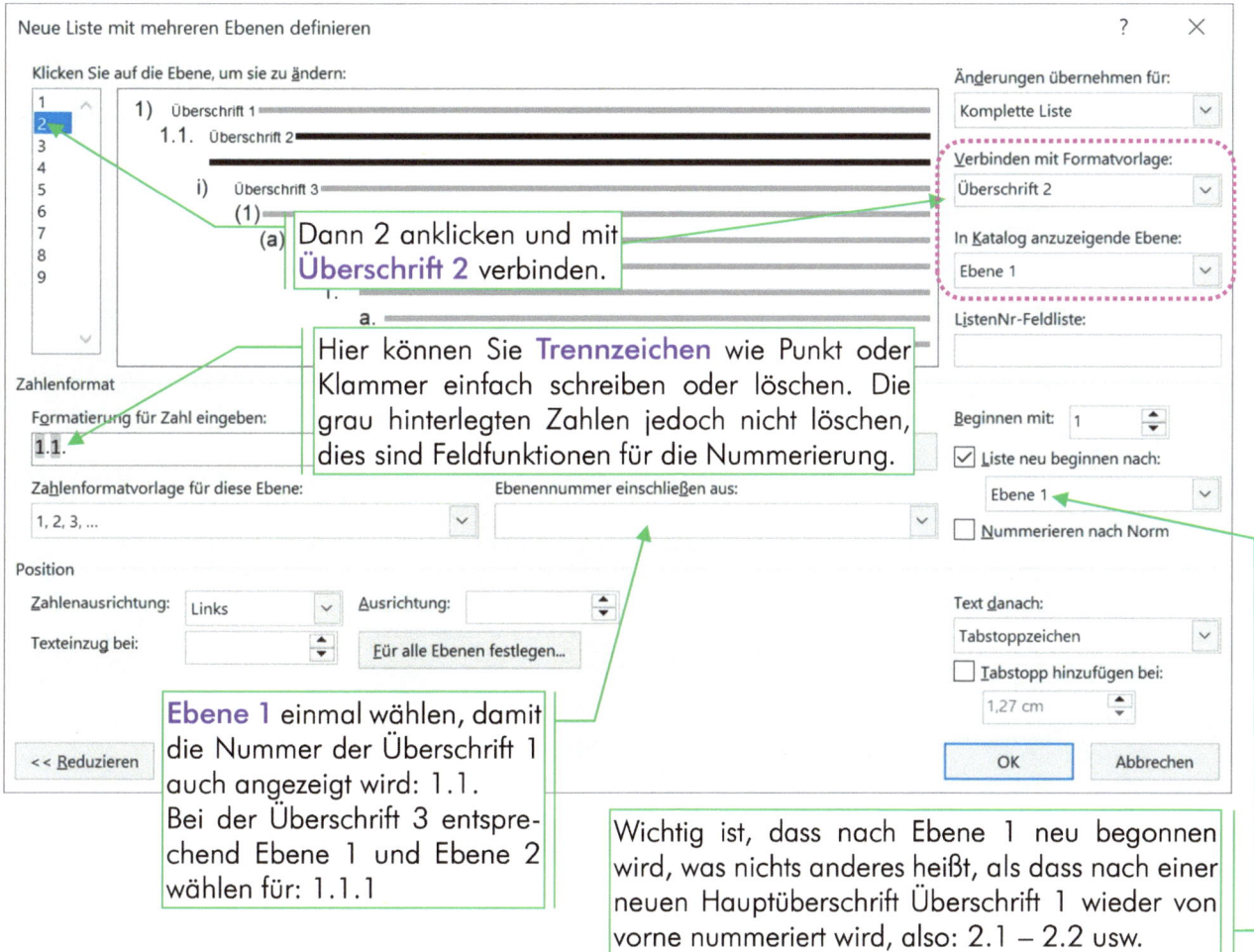

➢ Das Gleiche noch einmal für die **3. Ebene = Überschrift 3** vornehmen, hier wird nach Ebene 2 neu begonnen und die Ebenen-Nummer von Überschrift 1 und 2 eingeschlossen.

↳ Probieren Sie z.B. 1.1.a oder 1.1.**A)** (das A besonders fett)

Weiteres:

◆ Punkte, Kommas usw. können einfach geschrieben werden, andere Nummern dürfen jedoch nur darunter bei **Zahlenformatvorlage**… ausgewählt werden, damit diese als Feld eingefügt werden und Word im Text weiter zählt.

◆ **Für alle Ebenen festlegen**…: z.B. die eingestellten Zahlen bei -0,2 rechtsbündig im linken Rand auf alle Überschriften übertragen.

◆ **Änderungen übernehmen für**: statt „Komplette Liste" z.B. „Dokument ab hier" oder „Aktueller Absatz", somit können verschieden formatierte Nummerierungen in einem Dokument eingestellt werden.

◆ **Text danach**: statt einstellbarem **Tabulator** kann auch ein einfacher Abstand oder nichts vorgegeben werden.

13.5 Einzüge einstellen

➤ Am einfachsten mit der Maus im Lineal die Einrückung für eine Überschrift korrigieren, sofern bei der Formatvorlage automatisch aktualisieren eingestellt ist wird dies in die Formatvorlage übernommen.

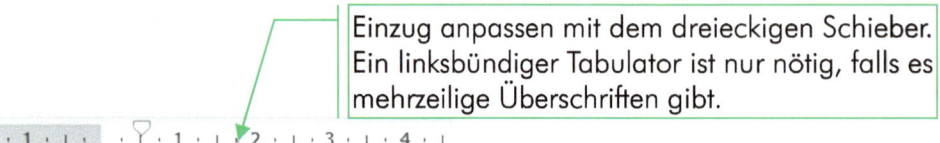

> Einzug anpassen mit dem dreieckigen Schieber. Ein linksbündiger Tabulator ist nur nötig, falls es mehrzeilige Überschriften gibt.

1.1. ALBERT 1

> Rechte Maustaste auf der Nummerierung, dann Listeneinzug anpassen, um die Nummerierung nachträglich zu ändern.

13.5.1 Zahlenformat / Einzüge im Menü einstellen

Eine interessante Formatierung der Zahlen ist, wenn diese rechtsbündig im Seitenrand angeordnet sind, der Text der Überschrift linksbündig beginnt.

Zunächst der Texteinzug:

Position

Zahlenausrichtung:	Rechts	Ausrichtung:	-0,2 cm
Texteinzug bei:	0 cm		Für alle Ebenen festlegen…

◆ Bei Position kann die Lage der Zahlen und des Textes eingestellt werden. Zum Beispiel wie in diesem Buch Überschriften bündig und die Zahlen links außen:

☙ Zahlenausrichtung rechts,

☙ Ausrichtung (für die Zahl) -0,2 negative Werte lassen sich hier nicht mit den Pfeilen wählen, aber per Tastatur eintragen,

☙ Texteinzug bei 0, also wie der Text am linken Rand beginnend.

Damit beginnen alle Überschriften linksbündig, die Nummern haben den gleichen Abstand von 2 Millimetern, auch ab 10, da rechtsbündig, d.h., der rechte Rand bleibt gleich, die Zahl wird nach links erweitert.

13.6 Fehler im Inhaltsverzeichnis

> Wenn Sie einen Fehler im Inhaltsverzeichnis entdecken, nie dort korrigieren, sondern in der Überschrift im Text korrigieren. Andernfalls hätten Sie nach der nächsten Aktualisierung den Fehler wieder im Inhaltsverzeichnis.

Leere Absatzmarke mit Überschrift 1, 2 oder 3 werden spätestens sobald die Überschriften nummeriert sind, ordnungsgemäß mit Kapitelnummer und Seitenzahl in das Inhaltsverzeichnis aufgenommen.

> Leere Absätze daher von vornherein nur mit der Formatvorlage Standard oder Textkörper verwenden.

13.6.1 Seitenzahlen aktualisieren

Ändern Sie den Text oder z.B. die Schriftart, so dass sich die Seiten verschieben, stimmen die Seitenzahlen nicht mehr mit dem Inhaltsverzeichnis überein.

- ♦ Word aktualisiert die Seitenzahlen des Inhaltsverzeichnisses beim Öffnen eines Textes sowie

- ♦ vor jedem Drucken, sofern bei Datei/Optionen/Erweitert bei Drucken „Aktualisieren von Feldern … vor dem Drucken zulassen" nicht abgeschaltet ist.

13.7 Übung Inhaltsverzeichnis

Bei der folgenden Übung geht es darum, ein Inhaltsverzeichnis zu erstellen und anzupassen.

Beginnen Sie einen neuen Übungstext:

- ➢ Einen Absatz schreiben, kopieren und damit ca. 20 Seiten Text erzeugen, dann ca. zwanzig Überschriften ergänzen.

    - ✎ Diesmal sind vier Überschriften-Ebenen gewünscht.

- ➢ Die Überschriften-Formaltvorlagen können Sie mit den Shortcuts [Alt]-1, 2, 3 zuweisen,

- ➢ für die vierte Überschrift können Sie im Formatvorlagen-Menü (Erweiterungspfeil bei Start-Formatvorlagen) mit rechter Maustaste-Ändern bei Format/Tastenkombination die Tastenkombination [Alt]-4 zuweisen.

- ➢ Überschriften-Formatvorlagen passend einstellen, vor allem viel Abstand vor den Hauptüberschriften.

- ➢ Nummerieren Sie die Überschriften folgendermaßen: Überschrift 1: Kap. A, Überschrift 2: A-1, Überschrift 3: A-1.1, Überschrift 4: A-1.1.a

Inhaltsverzeichnis anlegen:

- ➢ Ergänzen Sie ein Titelblatt am Anfang und danach eine zweite Seite für das Inhaltsverzeichnis,

- ➢ dort das Inhaltsverzeichnis einfügen, allerdings im Menü Inhaltsverzeichnis bei Ebenen anzeigen: 4 angeben.

Inhaltsverzeichnis formatieren:

Im Inhaltsverzeichnis sind die Formatvorlagen Verzeichnis 1 bis 4 verwendet.

- ➢ Formatieren Sie die Hauptüberschriften im Inhaltsverzeichnis mit einem Rahmen 60% dunkelblau und weißem Text, Abstand vor mindestens 18 pt, 14 Punkte Schriftgröße,

- ➢ die Unterüberschriften 2 mit Kapitälchen und nur 11 Punkten Schriftgröße formatieren,

- ➢ die Überschriften drei und vier jeweils eingerückt einstellen.

- ➢ Passen Sie das Inhaltsverzeichnis so an, dass es die Seite optimal ausfüllt und drucken Sie nur das Inhaltsverzeichnis und das Titelblatt aus.

14. Kopfzeile, Abschnittswechsel

14.1 Ein Abschnittswechsel

Der Vorspann, zumindest die ersten beiden Seiten, Titelblatt und Inhaltsverzeichnis, sollen bei jedem Text üblicherweise ohne Kopfzeile bleiben, weshalb wir den Abschnittswechsel einführen. Im dritten Band werden wir uns gründlicher damit beschäftigen.

- ◆ Ein Abschnittswechsel heißt für Word, das nun anders formatierte Seiten folgen, z.B.

    - ✎ dass der Text mit einer anderen Kopf- oder Fußzeile weitergeht

    - ✎ oder die Spalteneinstellung oder das Seitenformat anders eingestellt werden soll.

Zur Übung:

- ➢ Gehen Sie ans Ende des Inhaltsverzeichnisses aus Kapitel 13.

- ➢ Löschen Sie den Seitenumbruch.

·······················Seitenumbruch·······················

- ◆ Auf der Karteikarte Layout kann bei „Umbrüche" stattdessen ein Abschnittswechsel auf die nächste Seite gesetzt werden - das ist ein Abschnittswechsel kombiniert mit einem Seitenumbruch.

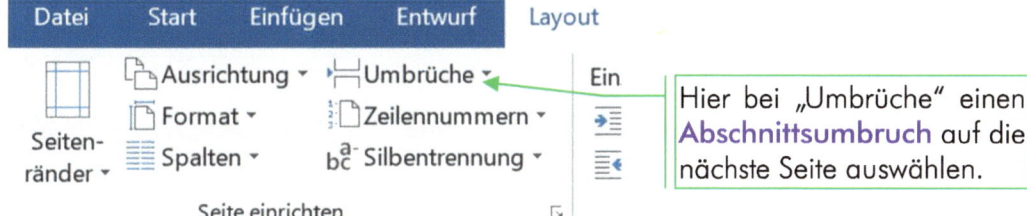

Jetzt haben wir zwei Abschnitte in dem Text. In dem zweiten Abschnitt soll die Kopfzeile erscheinen, im ersten nicht.

14.2 Die Kopfzeile

Eine Kopfzeile wird auf den folgenden Seiten automatisch wiederholt, genauso unten die Fußzeile. Um die Kopf- oder Fußzeile zu ändern, ist ein Abschnittswechsel erforderlich.

➤ Gehen Sie auf die Seite nach dem Inhaltsverzeichnis. Dies ist die erste Seite, auf der eine Kopfzeile erscheinen soll.

➤ Auf der Karteikarte Einfügen finden Sie Schaltflächen für die Kopf- und Fußzeile.

☞ Hier können Sie eine der vielen Voreinstellungen wählen oder mit „Kopfzeile bearbeiten" diese manuell einrichten.

➤ Wählen Sie Kopfzeile bearbeiten:

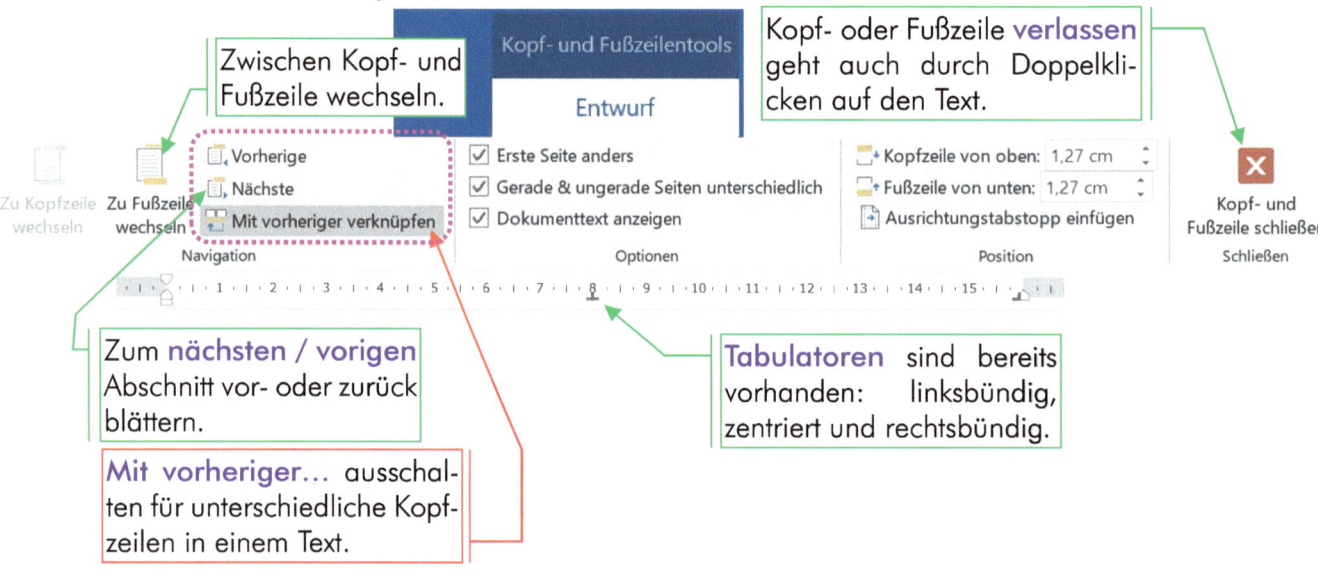

Zwischen Kopf- und Fußzeile wechseln.

Kopf- oder Fußzeile verlassen geht auch durch Doppelklicken auf den Text.

Zum nächsten / vorigen Abschnitt vor- oder zurück blättern.

Tabulatoren sind bereits vorhanden: linksbündig, zentriert und rechtsbündig.

Mit vorheriger... ausschalten für unterschiedliche Kopfzeilen in einem Text.

!!!!!!!!!! Wichtig !!!!!!!!!!

Schalten Sie „Mit vorheriger verknüpfen" aus! Diese Kopfzeile soll ja anders als die leeren Kopfzeilen der ersten Seiten werden. Diese Einstellmöglichkeit ist die häufigste Fehlerursache bei Kopfzeilen.

➤ Damit Sie mit den vielen Schaltern ein wenig vertraut werden, sollten Sie folgende Kopfzeile erstellen:

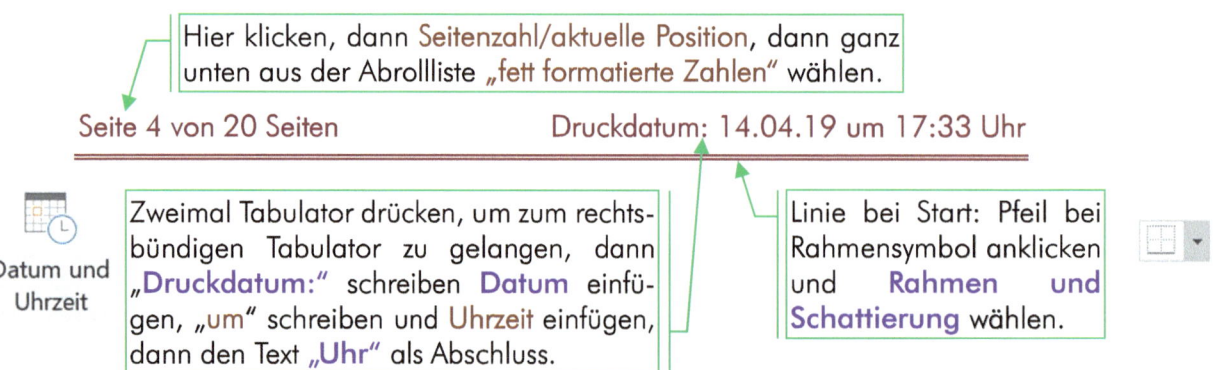

Hier klicken, dann Seitenzahl/aktuelle Position, dann ganz unten aus der Abrollliste „fett formatierte Zahlen" wählen.

Seite 4 von 20 Seiten   Druckdatum: 14.04.19 um 17:33 Uhr

Zweimal Tabulator drücken, um zum rechtsbündigen Tabulator zu gelangen, dann „Druckdatum:" schreiben Datum einfügen, „um" schreiben und Uhrzeit einfügen, dann den Text „Uhr" als Abschluss.

Linie bei Start: Pfeil bei Rahmensymbol anklicken und Rahmen und Schattierung wählen.

14.2.1 Übung Kopfzeilenfunktionen

➢ Löschen Sie alles und setzen Sie diesmal Folgendes in die Kopfzeile:

Ihr Name   Seite 4   14.04.19

➢ Dazu nutzen Sie alle drei vorhandenen Tabulatoren oder diese einfach passend neu setzen wie im ersten Band beschrieben.

↳ Dann die Daten überschreiben, die Seitenzahl als Funktion und das Datum mit Einfügen/Datum und Uhrzeit.

➢ Löschen Sie die Seitenzahl in der Kopfzeile und setzen Sie diese stattdessen rechts in die Fußzeile, ansprechend formatieren.

14.2.2 Die Kopf- und Fußzeile einrichten

Im Kopfzeilen-Menü finden Sie diese Einstellmöglichkeiten:

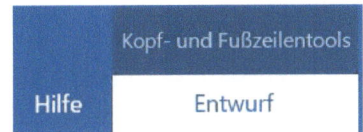

☑ Erste Seite anders

☑ Gerade & ungerade Seiten unterschiedlich

☑ Dokumenttext anzeigen

Optionen

Es bedeutet:

♦ Erste Seite anders heißt, dass Sie auf dieser ersten Seite (jedes Abschnitts) eine andere Kopfzeile (oder gar keine) eintragen können.

↳ Die Kopfzeile ab der zweiten Seite wird im restlichen Dokument wiederholt. Hierfür gibt es noch diese Wahlmöglichkeit:

♦ Gerade & ungerade Seiten unterschiedlich ist anzukreuzen, wenn Sie auf beiden Seiten die Kopf- und Fußzeilen verschieden einrichten wollen, was meist der Fall ist, wenn Papier beidseitig bedruckt wird.

↳ Das ist meistens erforderlich, da die Seitenzahlen außen stehen sollen, also auf einer linken Seite links außen und auf einer rechten rechts außen.

↳ Diese Option und die damit verbundene Einstellarbeit können Sie sich natürlich sparen, wenn Sie die Seitenzahlen mittig setzen.

Gerade und ungerade Seiten:

♦ Schlagen Sie ein Buch auf:

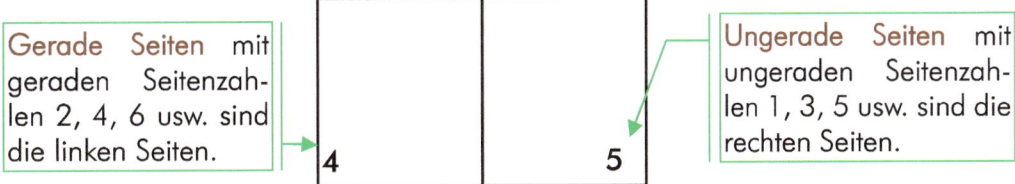

Gerade Seiten mit geraden Seitenzahlen 2, 4, 6 usw. sind die linken Seiten.

Ungerade Seiten mit ungeraden Seitenzahlen 1, 3, 5 usw. sind die rechten Seiten.

♦ Ein neues Kapitel sollte immer auf einer rechten, ungeraden Seite beginnen, ggf. ist die vorige linke Seite leer zu lassen.

Unterschiedliche Kopfzeilen für Bücher und Broschüren werden im dritten Band vorgestellt.

14.2.3 Die Kopfzeilenposition

Ist die Kopfzeile größer, z.B. weil diese viel Text enthält, verringert sich der Platz für den normalen Text automatisch, denn dieser beginnt immer unterhalb der Kopfzeile. Für die Kopfzeile wird deshalb nur der Abstand vom Papierrand angegeben, nicht die Größe.

♦ Bei den Kopfzeilentools können Sie die Anfangsposition der Kopf- oder Fußzeile angeben:

    ✎ wie viel Platz die Kopf- oder Fußzeile tatsächlich beansprucht, richtet sich nach dem eingetragenen Inhalt.

    ✎ Bei viel Text oder großer Schrift steht entsprechend weniger Platz für den Text zur Verfügung.

    ✎ Soll die Kopfzeile absichtlich größer werden, ggf. leere Absatzmarken oder einen Absatzabstand einfügen.

Gegenüberliegende Seiten:

♦ Auch auf der Karteikarte Layout bei Format/Weitere Papierformate kann auf der Karteikarte Layout auch die Kopf- und Fußzeilengröße sowie die Papieranordnung eingestellt werden.

    ✎ Wenn Sie Papier beidseitig bedrucken wollen, ist hier auf der Karteikarte Seitenränder bei „Mehrere Seiten:" „Gegenüberliegende Seiten" auszuwählen, unten kann bei „Übernehmen für" gewählt werden, für welchen Bereich diese Einstellung gelten soll: Gesamtes Dokument, Dokument ab hier oder aktuellen Abschnitt.

Übersicht Kopf- und Fußzeilenabstand:

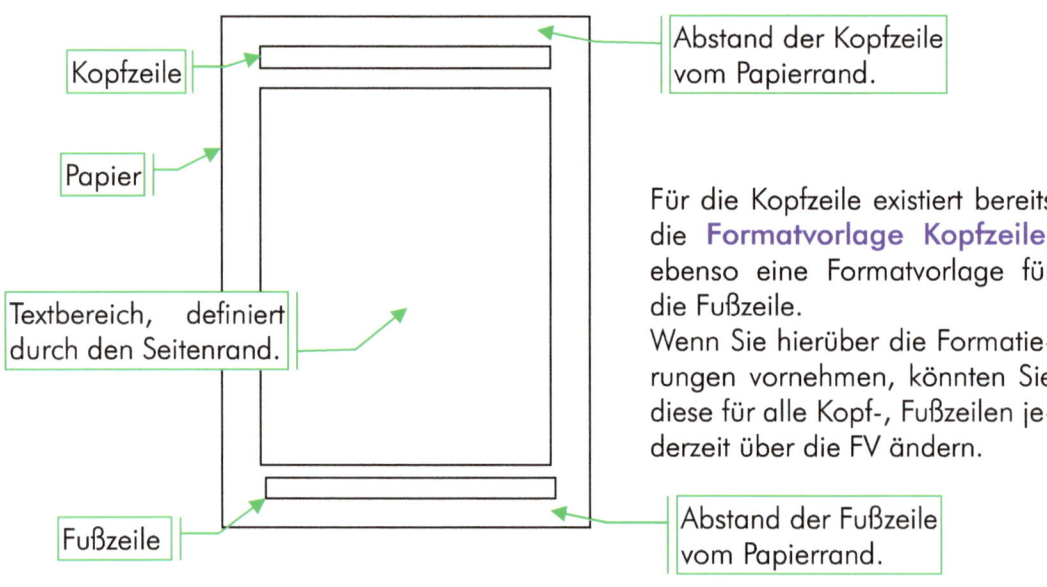

Kopfzeile

Papier

Textbereich, definiert durch den Seitenrand.

Abstand der Kopfzeile vom Papierrand.

Für die Kopfzeile existiert bereits die Formatvorlage Kopfzeile, ebenso eine Formatvorlage für die Fußzeile.
Wenn Sie hierüber die Formatierungen vornehmen, könnten Sie diese für alle Kopf-, Fußzeilen jederzeit über die FV ändern.

Fußzeile

Abstand der Fußzeile vom Papierrand.

Falls unten Text abgeschnitten wird:

♦ am unteren Rand können die meisten Drucker ca. 1,3 cm nicht bedrucken. Angaben über den nicht bedruckbaren Bereich finden Sie im Druckerhandbuch. .

15. Fußnoten

Fußnoten stehen am Ende der Seite, **Endnoten** am Ende des Textes, erfüllen sonst die gleiche Funktion für Anmerkungen, Quellenangaben oder andere Zusatzinformationen.

15.1 Fußnoten einfügen

Wir bleiben bei der Übung „**Inhaltsverzeichnis**" des vorigen Kapitels.

➢ Setzen Sie den Cursor gleich hinter **Einstein** (im ersten Absatz).

➢ Wählen Sie auf der Karteikarte **Referenzen**: **Fußnote einfügen**.

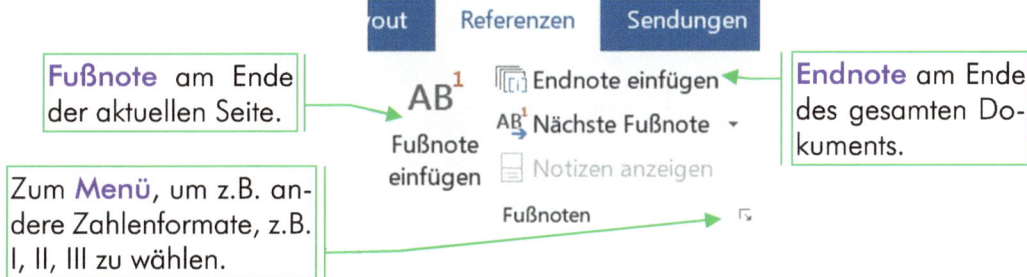

➢ Suchen Sie die **rot markierten Wörter** und ergänzen Sie einige Fußnoten-Texte.

Hier einige Textvorschläge für die Fußnoten, falls Ihnen nichts einfällt und Ihnen diese Anmerkungen nicht zu lang sind:

1. Albert Einstein entwickelte die Relativitätstheorie.

2. Charles Darwin, Begründer der Evolutionstheorie.

3. Universalgelehrter, 1646-1716, entwickelte das duale Zahlensystem, mit dem heute jeder Computer rechnet.

4. 1844-1900, deutscher Philosoph, definierte auch die Moral als Mittel zur Macht und Durchsetzung.

5. „Und auf einmal war die Welt ganz anders, als sie war."

6. von Michel Foucault: der Konsens in einer Gemeinschaft als die Wahrheit dieser Gemeinschaft.

> Mit Doppelklicken auf die Fußnotenzahl können Sie zwischen Text und Fußnoten springen.

Mit dem kleinen Erweiterungspfeil kann das Menü geöffnet werden, um z.B. das Zahlenformat der Fuß- und Endnoten einzustellen:

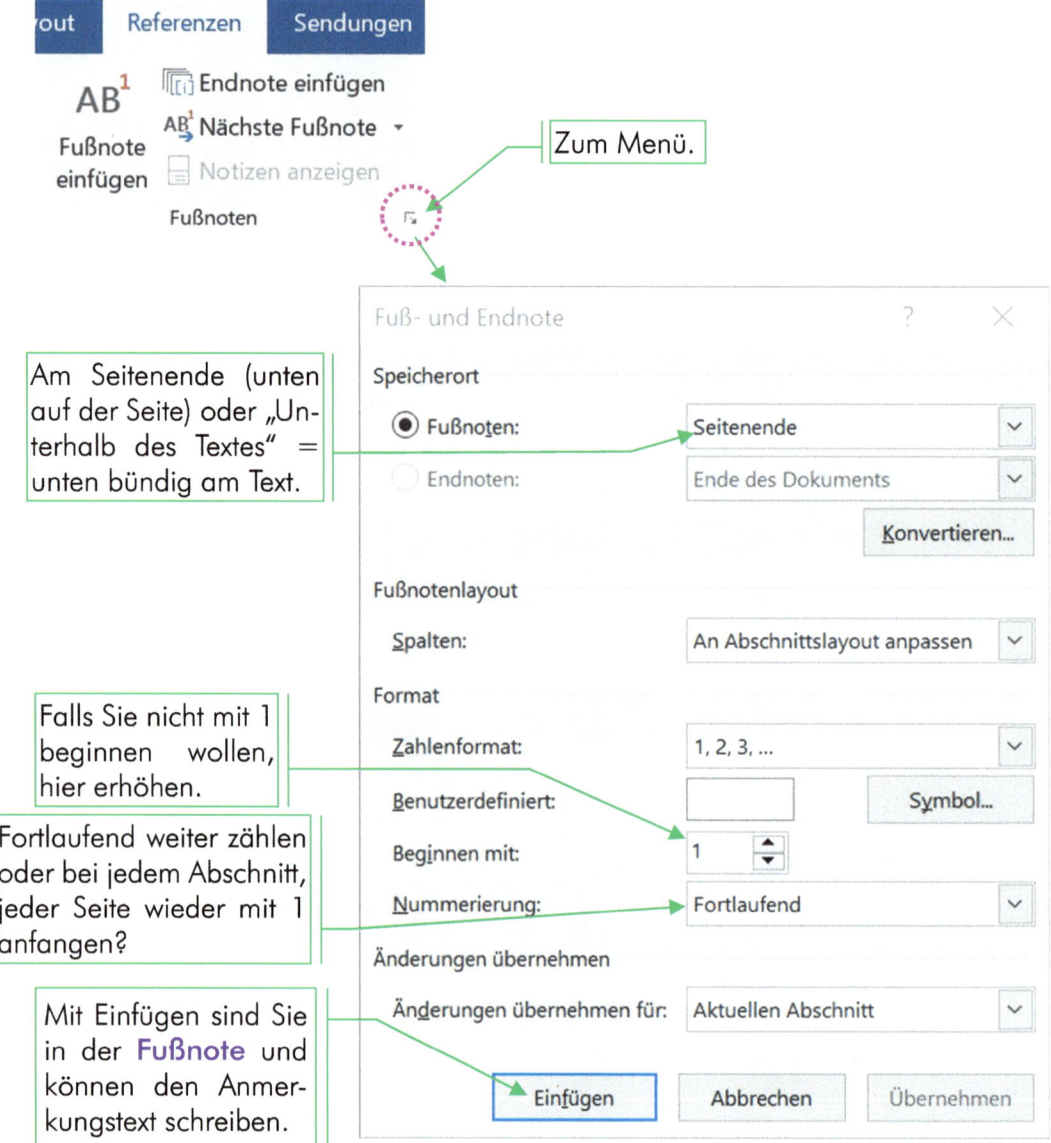

15.2 Umwandeln in Endnoten

Meistens werden Quellenangaben als Endnoten gesetzt.

♦ Jetzt haben Sie Fußnoten unter jeder Seite. Sehr praktisch ist die Möglichkeit, Fußnoten in Endnoten umzuwandeln und umgekehrt.

  ✎ Damit können Sie z.B. Quellenangaben gleich auf der Seite eingeben, haben einen guten Überblick,

  ✎ und wandeln diese am Schluss in Endnoten um, die am Textende zusammengefasst sind.

Eine einzige Fußnote umwandeln:

♦ Rechte Maustaste auf dem Fußnotentext drücken und „In Endnoten umwandeln" wählen.

Alle Fußnoten umwandeln:

➢ Erneut **das Menü öffnen und** die Schaltfläche **Konvertieren** wählen.

↳ Bei umfangreichen Texten (Büchern, Broschüren usw.) ist in der Regel jedes Kapitel ein eigener Abschnitt, damit unterschiedliche Einträge in der Kopfzeile möglich sind. Wenn Sie für Endnoten am **Abschnitts-ende** einschalten stehen diese folglich am Kapitelende.

➢ Wandeln Sie alle Fußnoten in **Endnoten** um, Ergebnis kontrollieren.

↳ Natürlich können Sie auch solche Aktionen rückgängig machen oder anschließend Endnoten wieder in Fußnoten verwandeln.

15.3 End- oder Fußnoten formatieren

Auch für Fußnoten existiert eine eigene **Formatvorlage** namens **Fußnotentext**, für Endnoten **Endnotentext**. Daher sollten Sie die Fußnoten über diese Formatvorlage einstellen.

Folgende Formatvorlagen sind für Fuß- und Endnoten vorhanden:

♦ **Fußnotentext:** Fußnoten stehen am Ende der Seite.

↳ **Fußnotenzeichen:** Formatvorlage für die Zahlen der Fußnoten.

♦ **Endnotentext:** Endnoten stehen am Ende des Textes oder Abschnittes. Abschnittswechsel werden in Band 3 ausführlich vorgestellt.

↳ **Endnotenzeichen:** Formatvorlage für die Zahlen der Endnoten.

Allerdings werden diese Formatvorlagen zunächst nicht angezeigt.

➢ Drücken Sie daher auf dem Fuß- oder Endnotentext die **rechte Maustaste**, dann **Formatvorlage**.

➢ In dem erscheinenden Menü dann **Ändern** wählen.

➢ Ändern Sie die Formatvorlage **Endnotentext** folgendermaßen: Schriftgröße 8pt, Abstand vor/nach 2 pt.

➢ Stellen Sie den **hängenden Einzug** in der **Formatvorlage Endnotentext** auf der Karteikarte **Absatz** ein.

> Der **hängende Einzug** darf nicht über die Nummerierung eingerichtet werden, weil die Zahlen doppelt da wären. Deshalb muss der Einzug von Hand in der Formatvorlage eingestellt werden.

Damit der Text genau untereinander ausgerichtet wird, ist zusätzlich ein **Tabulator** einzustellen, fall mehrere Zeilen vorhanden sind.

➢ Dafür im Absatz-Menü Tabulator drücken. Es gilt:
hängend um 0,3 cm, daher Tabulator auch bei 0,3 cm.

➢ Setzen Sie hinter jede Endnotenzahl einen Tabulator.

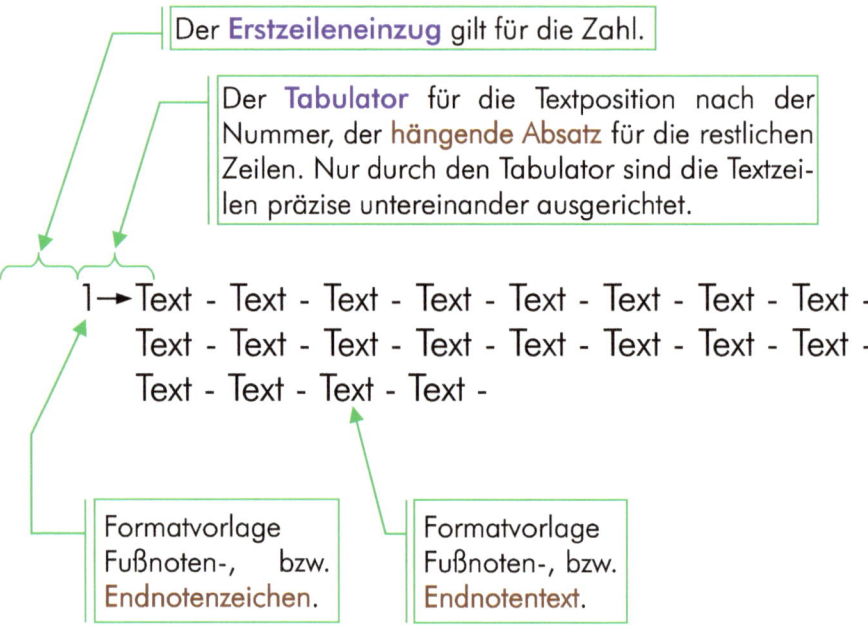

Der Erstzeileneinzug gilt für die Zahl.

Der Tabulator für die Textposition nach der Nummer, der hängende Absatz für die restlichen Zeilen. Nur durch den Tabulator sind die Textzeilen präzise untereinander ausgerichtet.

1→Text - Text - Text - Text - Text - Text - Text - Text - Text - Text - Text - Text - Text - Text - Text - Text - Text - Text - Text - Text -

Formatvorlage Fußnoten-, bzw. Endnotenzeichen.

Formatvorlage Fußnoten-, bzw. Endnotentext.

➢ Auch die Formatvorlage Fuß-, bzw. Endnotenzeichen wird erst angezeigt, nachdem Sie diese per rechter Maustaste eingestellt haben. Ändern Sie z.B. die Farbe der Zahlen.

15.4 Zeilen nummerieren

Bevor wir unseren langen Übungstext schließen, können wir noch die Zeilennummerierung ausprobieren, diese kann auf der Karteikarte Layout aktiviert werden:

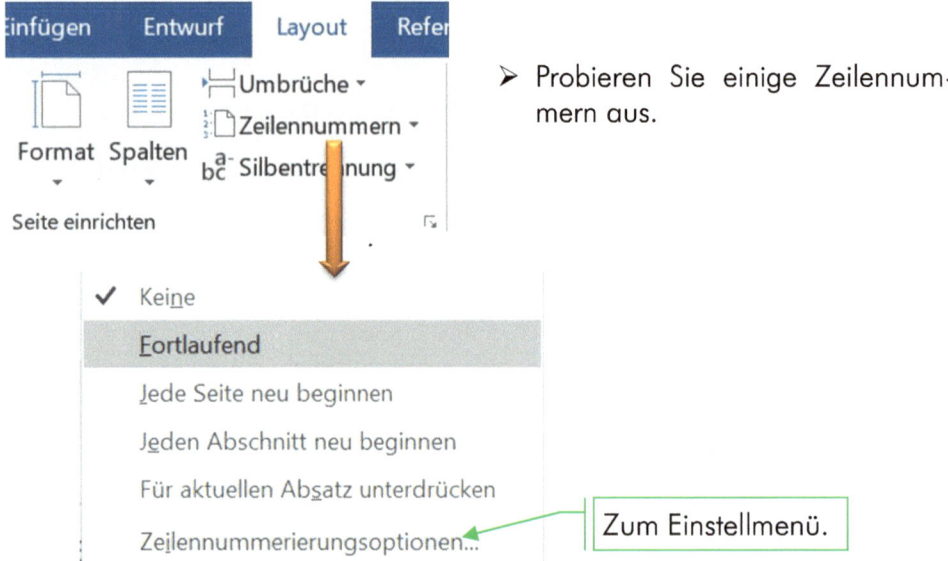

➢ Probieren Sie einige Zeilennummern aus.

Fünfter Teil

Seriendruck

rationelles Arbeiten: Serienbriefe,
Umschläge und Etiketten drucken

16. Serienbriefe

Angst vor Serienbriefen? Nicht mehr lange. Wir können ein vorhandenes Dokument öffnen, welches anschließend unser Serienbrief werden soll, oder die Seriendruck-Funktion starten und dabei einen neuen Brief erstellen oder auch aus dem Seriendruck-Menü einen vorhandenen Brief auswählen.

16.1 Zur Veranschaulichung

Beim Seriendruck setzen Sie nicht von Hand eine Adresse in einen Brief und drucken diesen, sondern Sie haben einen Brief, in den Adressen automatisch aus einer Datenbank eingefügt werden.

Ob es sich dabei um einen Brief, ein Email oder Briefumschläge handelt, spielt keine Rolle, ebenso ob Sie die Datenbank erst neu erstellen oder eine vorhandene verwenden wollen.

Die Datenbank:

Name	Vorname	Straße
Beispiel	Walter	Allee 31
Müller	Anton	Seestr. 44

Es wird jeweils eine Adresse (=ein Datensatz) in einen Brief gesetzt und gedruckt.
Im Brief stehen Felder (»Name« usw.) als Platzhalter.

Der **Brief** (Hauptdokument)

»Vorname« »Name«
«Straße»

«PLZ» «Ort»

Text … Text …

Deshalb sind diese drei Schritte nacheinander auszuführen:

♦ Der eigentliche Serienbrief (oder Briefumschlag etc.),

♦ dann ist die Datenquelle mit den Adressen zu erstellen oder zu öffnen,

    ✤ Felder im Hauptdokument geben an, wo welche Daten aus der Datenquelle eingefügt werden sollen,

♦ und zuletzt kann die eigentliche Aktion beliebig oft gestartet werden, bei der jeweils eine Adresse in einen Brief gesetzt und gedruckt wird.

16.2 Brief nach DIN 5008

Damit es übersichtlicher ist, werden wir zuerst einen Übungsbrief erstellen. Da Serienbriefe fast immer geschäftlicher Art sind und in hoher Stückzahl produziert werden, bietet es sich an, einen Brief normgerecht zu entwerfen.

16.2.1 Seite einrichten (Datei-Seite einrichten)

- In einem **neuen Dokument** entsprechend der **DIN 5008**[4] links 2,41 cm, rechts und unten 2 cm Seitenrand einstellen.
  - ↳ Den Briefkopf könnten Sie in der Kopfzeile eintragen, um diesen vor unbeabsichtigten Änderungen zu schützen.
  - ↳ Dann würden Sie bei **Layout/Seitenränder-benutzerdefiniert-** als oberer Seitenrand **4,5 cm** für die Absenderangabe und auf der Karteikarte Layout für die Kopfzeile **1,69 cm** eintragen.
  - ↳ Neben dem großen Briefkopf mit 4,5cm Höhe (=**Form B**) gibt es auch die **Form A** mit nur 2,7cm, was nur für einen knappen Texteintrag reicht.

- ➢ In der Kopfzeile einen **Briefkopf** eintragen:
  - ↳ Diese Absenderadresse kann frei gestaltet und auch mit WordArt verschönert werden.
  - ↳ Ergänzen Sie noch ein Logo, z.B. per WordArt.

> Meine Beispiel GmbH
> Industriestr. 1
> 11333 Großstadt
> www.meinebeispiel.de
> email@meinebeispiel.de

16.2.2 Die Anschrift

Die Anschrift mit der Absenderangabe sollte gut in das **Sichtfenster** passen, wobei bei geschäftlichen Seriendruck-Dokumenten zu beachten ist, dass in der Regel viele Adressen mit zusätzlichen Zeilen wie z. Hd. oder Abteilung auftreten. Darum eher oben im Briefumschlag-Sichtfenster beginnen und keine zu große Schrift wählen.

- Nach der DIN-Norm sollten die Adresszeile bei **4,5** cm vom oberen Papierrand beginnen und darf bis maximal **9 cm** gehen. Die Breite darf **8,5 cm** nicht übersteigen.

- Mit kleiner Schrift und Trennlinie die **Absenderadresse** über dem Bereich für die Adresse, damit der Brief ggf. zurückkommt.

Die korrekte Anschrift:

An eine Person:	*An eine Firma:*
1. Vermerke, z.B. Persönlich	1. Vermerke und Zusätze, z.B. Persönlich
2. Vermerke, z.B. Persönlich	2. Vermerke und Zusätze, z.B. Persönlich
3. z.B. Einschreiben	3. Versendungsform, z.B. per Einschreiben
4.	4. Firma
5. Anrede, Titel	5. Anrede
6. Vorname Name	6. Ansprechpartner
7. Straße	7. Straße, Postfach
8. PLZ und Ort	8. PLZ und Ort
9. Land	9. Land

---

[4] eine ausführliche Beschreibung finden Sie z.B. bei www.wikipedia.de, dort nach „DIN 5008" suchen.

16.2.3 Ein Musterbrief

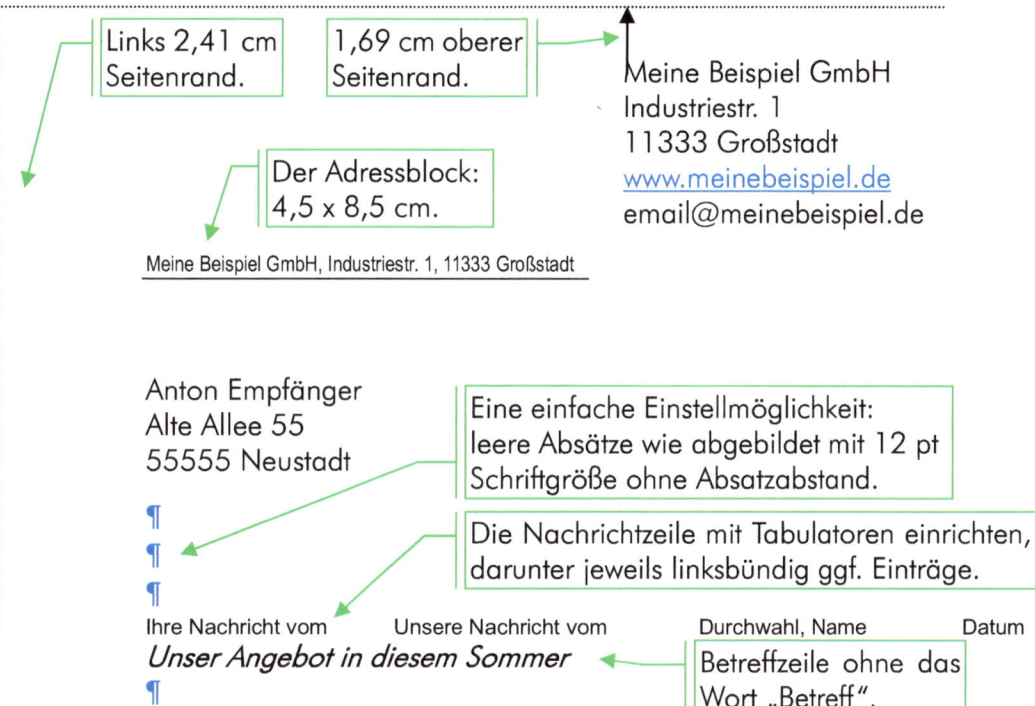

> Nach der Nachrichtenzeile folgt die **Betreff-Zeile**, jedoch wird das Wort Betreff aktuell nicht mehr hingeschrieben.

> Vor dem Brieftext die Anrede „**Sehr geehrte Damen, sehr geehrte Herren,**" und am Ende „**Mit freundlichen Grüßen**" schreiben.

> ✎ Besser als diese unpersönliche Anrede ist natürlich: „Sehr geehrter Herr Anton Empfänger". Solche differenzierten Anreden folgten bei den Abfragebedingungen für Serienbriefe im dritten Band.

Sehr geehrte Damen,
sehr geehrte Herren,
¶
Hier beginnt der Brieftext.

> Ganz unten, am besten in der Fußzeile, bei einem Geschäftsbrief noch einmal einige Angaben inklusive der Bankverbindung in der **Fußzeile** eintragen.

> ✎ Mit einem zentrierten und einem rechtsbündigen Tabulator lässt sich alles wie abgebildet anordnen.

Tel.: 111 12345678-12	Meine Bank	Geschäftsführung: Anton Beispiel
Fax: 111 12345678-9	Konto-Nr. 11111	AG München HRB 11111
email@meinebeispiel.de	BLZ 111 111 11	USt-IdNr. DE0000 111 111
www.meinebeispiel.de	IBAN: 1234 1234 1234 1234 1234 12	Steuer-Nr. 345/234XX

> **Speichern** Sie diesen Brief, einfach in einen Ordner „Briefe", dann später diesen Brief öffnen und mit **Datei-Speichern unter** öffnen, anpassen und unter einem passenden Dateinamen speichern. Das ist praktischer als eine Dokumentvorlage zu erstellen.

16.3 Die Datenquelle erstellen

Beginnen wir, den Brief zu einem Seriendruck-Dokument umzuwandeln.

* Sie sehen in der Abrollliste, dass auch **Emails, Briefumschläge, Etiketten** usw. als Seriendokumente erstellt werden können, z.B. um Adressen direkt auf Briefumschläge aufzudrucken.

* Statt eine neue Datenliste anzulegen, könnten Sie eine bereits **existierende Datenbank** als Datenquelle auswählen.

Ein Eingabefenster für die ersten Daten wird angezeigt:

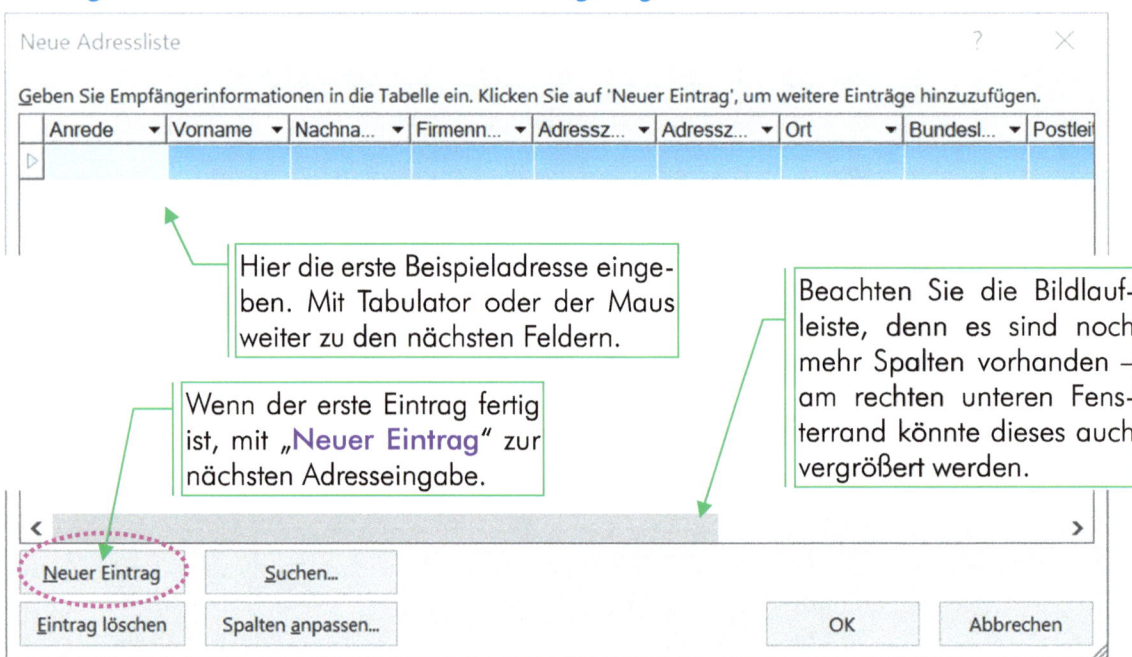

Tragen Sie z.B. diese drei Beispieladressen ein:

Nachname	Vorname	Anrede	Adresszeile 1	PLZ	Ort	Tel beruflich
Mustermann	Walter	Herr	Allee 24	23412	Nürlich	345 34 35 34 35
Müller	Antonia	Frau	Bäckerstr. 32	8888	Brezen	
Otto	Ottoman	Herr	Hauptstr. 1	121212	Irgendwo	

Damit es nicht zu viel am Anfang wird, **verwenden wir die vorgegebenen Felder.** Später auf Seite 95 wird erläutert, wie Felder umbenannt, gelöscht oder neue Felder ergänzt werden können.

16.3.1 Datenbank speichern

Wenn Sie „Schließen" drücken, wird automatisch die Datenbank gespeichert.

> ➢ Das Fenster zum Speichern erscheint, speichern Sie die Datenbank in unserem Übungsordner Briefe mit dem Dateinamen Adressenliste.

16.4 Datenquelle bearbeiten

Wir sollten nun üben, wie die Datenbank wieder geöffnet werden kann, um weitere Datensätze aufzunehmen oder Fehler zu korrigieren.

> ♦ Die Datenbank wird zwar im MS Access-Format mdb gespeichert, kann aber trotzdem im MS Word weiterbearbeitet werden.

> ➢ Wählen Sie „Empfängerliste bearbeiten",

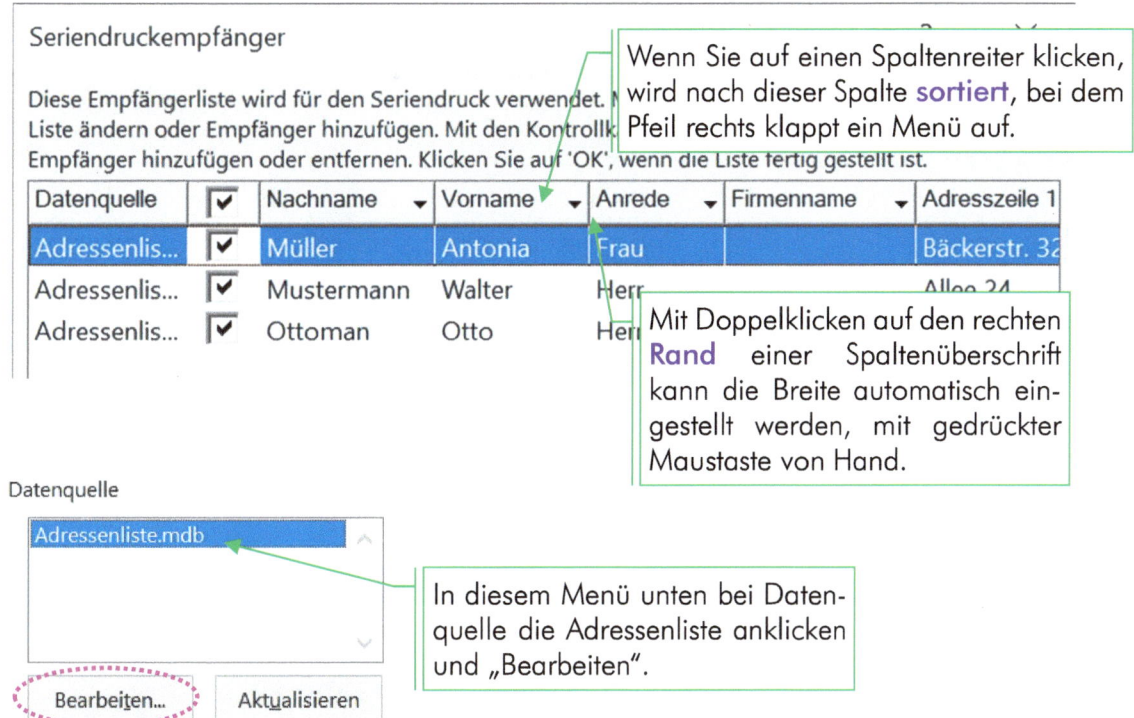

> ➢ Tragen Sie zur Übung weitere Adressen ein:

Jede Zeile ist ein Datensatz.

Die Spaltenüberschrift ist der Feldname.

Nachname	Vorname	Anrede	Adresszeile 1	Plz	Ort	Tel beruflich
Beispiel	Anton	Herr Dr.	Schnapstr. 33	43555	Bräustedt	445 33 22
Müller	Mark	Herr	Ballweg 56	34566	Ballen	23 42 33 33
Hedwig	Helga	Frau	Waldweg 45	89333	Walden	23 33 45 77

16.4.1 Neue Felder und Felder bearbeiten

> Im vorigen Menü können Sie nicht nur neue Felder ergänzen, sondern bei „Spalten anpassen" auch bestehende umbenennen, löschen oder die Reihenfolge optimieren:

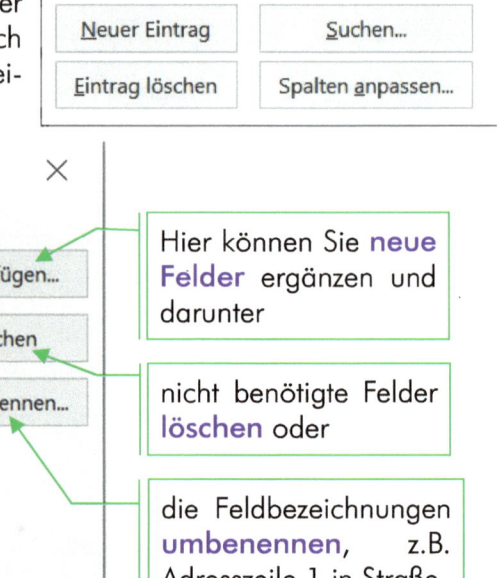

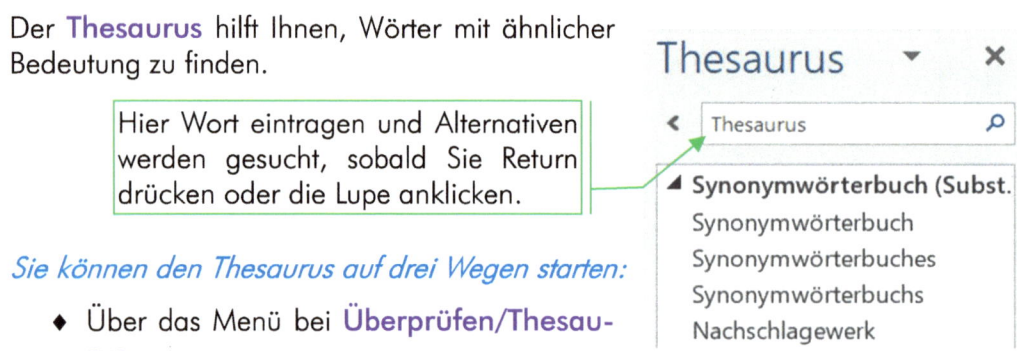

> Nach Anrede ein neues Feld Titel ergänzen und Adresszeile 1 in Straße, Adresszeile 2 in Nr. (ein Punkt geht als Feldname nicht) umbenennen.

> Ändern Sie die Reihenfolge der Felder sinnvoll, z.B. Nachnahme zuerst, dann Anrede, Titel, Vorname usw.

16.5 Thesaurus

Der Thesaurus hilft Ihnen, Wörter mit ähnlicher Bedeutung zu finden.

Hier Wort eintragen und Alternativen werden gesucht, sobald Sie Return drücken oder die Lupe anklicken.

Sie können den Thesaurus auf drei Wegen starten:

- ◆ Über das Menü bei Überprüfen/Thesaurus.

- ◆ Oder rechte Maustaste auf dem Wort und dann in der Abrollliste „Synonyme/Thesaurus" wählen.

- ◆ Die letzte Variante ist die Tastaturabkürzung [Umschalt]-F7. Das ist gar nicht so schwer zu merken, da F7 für die Rechtschreibprüfung gilt.

Beachten Sie auch unten im Thesaurus die Möglichkeit, in anderen Sprachen Synonyme suchen zu lassen.

17. Serienbrief fertigstellen

Anschließend können Sie zu dem Serienbrief zurückkehren und den Serienbrief einrichten. Dabei hilft Word, in dem z.B. der Adressblock oder die Anrede komplett fertig formatiert eingefügt werden kann.

> ➢ Zuerst den Cursor an die gewünschte Position setzen, dann können Sie

> ↳ einen vorgefertigten Adressblock
>
> ↳ oder eine Gruß-zeile (Sehr geehrte …) auswählen

> ↳ oder die Felder für die Anschrift selbst passend anordnen (Serien-druckfeld einfügen).

Der Adressblock:

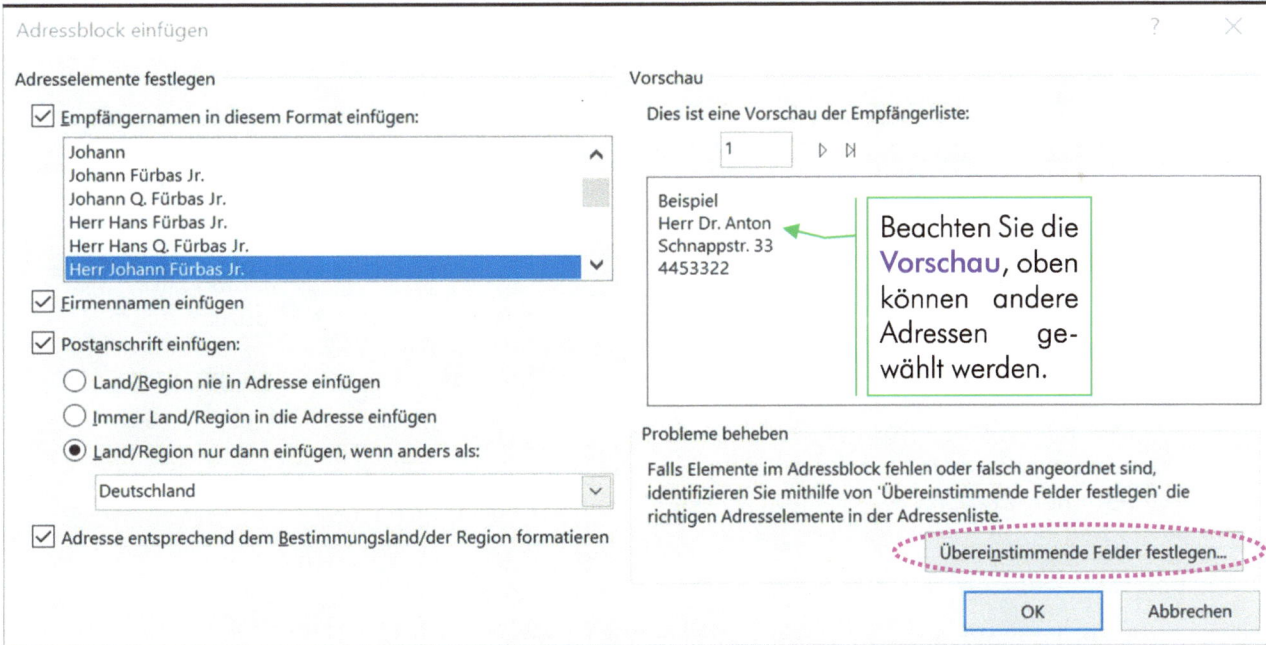

Egal welche Voreinstellung Sie links wählen, die fertigen Adressblöcke sind nicht immer optimal, daher üben wir jetzt, die Adresse selbst zu setzen.

> ➢ Wählen Sie Adressblock/Übereinstimmende Felder wählen.

> ➢ Wie auf der nächsten Seite abgebildet, müssen Sie rechts die richtigen Felder auswählen, damit die Adresse richtig angezeigt wird.

Die Felder müssen passend angegeben werden:

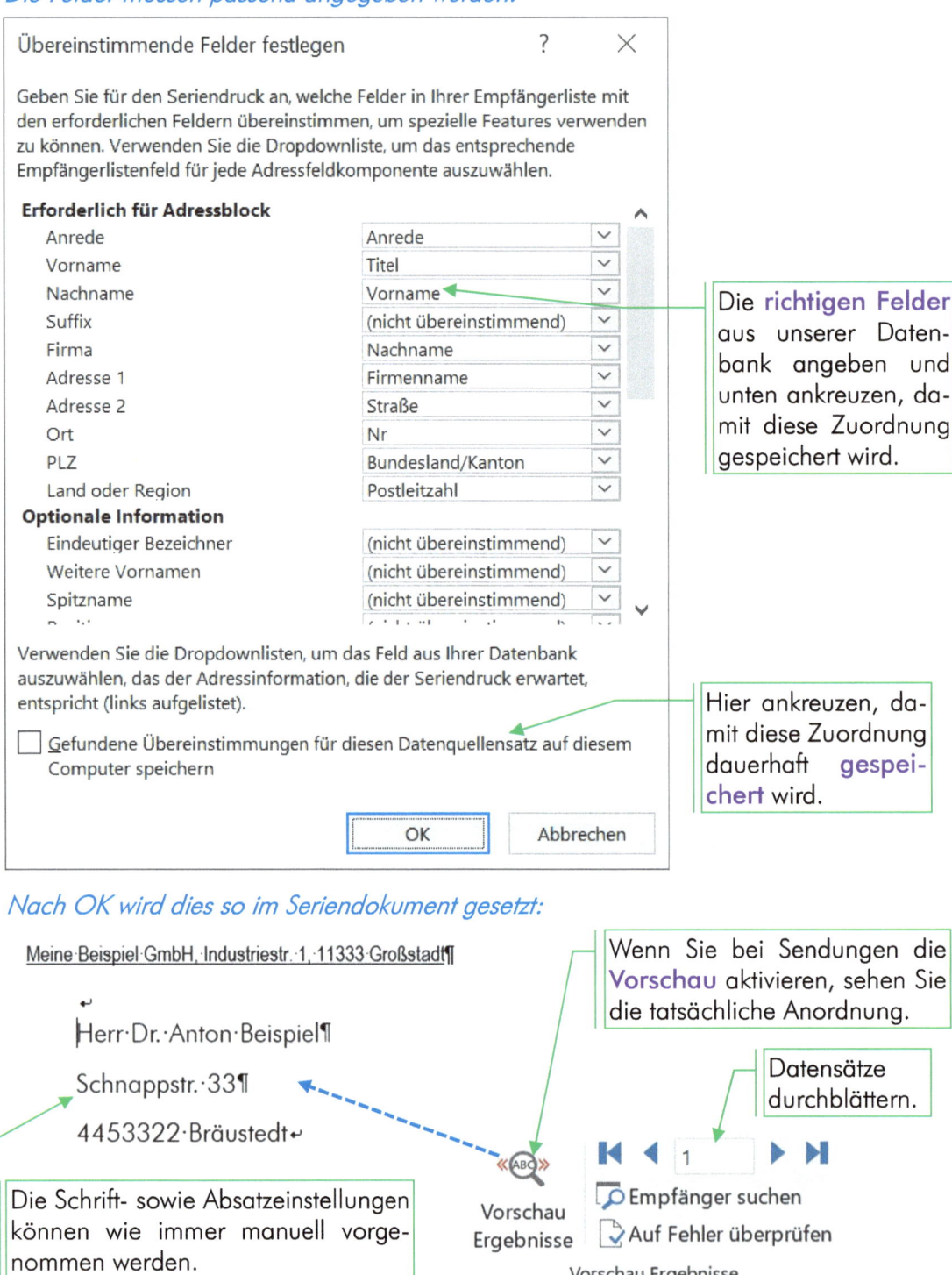

Die **richtigen Felder** aus unserer Datenbank angeben und unten ankreuzen, damit diese Zuordnung gespeichert wird.

Hier ankreuzen, damit diese Zuordnung dauerhaft **gespeichert** wird.

Nach OK wird dies so im Seriendokument gesetzt:

Meine·Beispiel·GmbH,·Industriestr.·1,·11333·Großstadt¶

Herr·Dr.·Anton·Beispiel¶

Schnappstr.·33¶

4453322·Bräustedt↵

Wenn Sie bei Sendungen die **Vorschau** aktivieren, sehen Sie die tatsächliche Anordnung.

Datensätze durchblättern.

Die Schrift- sowie Absatzeinstellungen können wie immer manuell vorgenommen werden.

Vorschau Ergebnisse

Empfänger suchen
Auf Fehler überprüfen

Vorschau Ergebnisse

➢ Formatieren Sie: **PLZ und Ort** fett mit 14 pt Schriftgröße.

Bei dem fertigen Adressblock und der Grußzeile sind folglich einige Einstellungen erforderlich, bis alles wie gewünscht passt, so dass es in der Regel einfacher ist, die Adresse von Hand zusammenstellen.

➢ Natürlich können Sie zum Vergleich und zur Übung den Adressblock einfügen und darunter noch einmal, wie im Folgenden erläutert, die Felder von Hand anordnen.

17.1 Adresse einrichten und Felder

Der Adressblock spart also nicht unbedingt Arbeit, es ist oft einfacher, eine Adresse von Hand zusammenzustellen. Außerdem können auf diese Art alle vorhandenen Daten im Seriendokument an beliebigen Stellen verwendet werden, um z.B. nachzufragen, ob eine Telefonnummer noch stimmt.

Adressblocks löschen und eine Adresse von Hand zusammenstellen:

➤ Das Seriendruck-Fenster mit dem X-Symbol schließen, eingefügte Adresse löschen, dann den **Cursor** an die Adressen-Position in dem Brief setzen.

➤ Drücken Sie das Symbol „**Seriendruckfeld**" (oder „Weitere Elemente" aus dem Assistenten), dann das erste Feld «Vorname» auswählen.

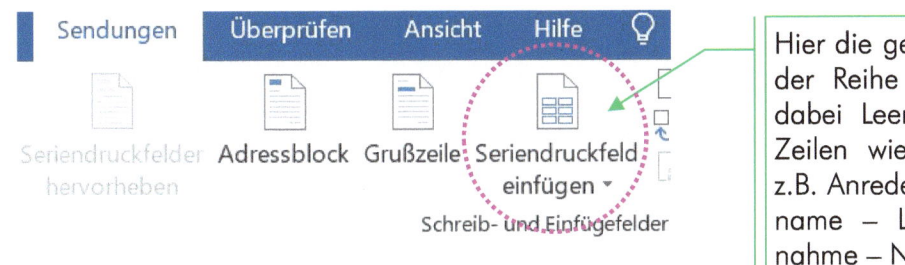

Hier die gewünschten **Felder** der Reihe nach auswählen, dabei Leertasten oder neue Zeilen wie gewohnt setzen: z.B. Anrede - Leertaste – Vorname – Leertaste – Nachnahme – Neue Zeile usw.

Meine·Beispiel·GmbH,·Industriestr.·1,·11333·Großstadt¶

↵
Herr·Dr.··Anton·Beispiel↵
Schnappstr.·33·↵
4453322·Bräustedt¶

Am besten also gleich bei aktivierter **Vorschau** die Felder setzen, dann sehen Sie statt der Felder das Ergebnis.

Ohne Vorschau:

Meine·Beispiel·GmbH,·Industriestr.·1,·11333·Großstadt¶

↵
"Anrede"·"Titel"·"Vorname"·"Nachname"·↵
"Straße"·"Nr"↵
"Postleitzahl"·"Ort"¶

Zur Übung beginnen wir mit solch einer einfachen Anschrift. Später folgen mehrere Zeilen.

Leider muss das Seriendruck-Fenster geschlossen werden, um den Cursor an eine andere Stelle zu setzen, z.B. in eine neue Zeile.

17.1.1 Wissenswertes über Felder

♦ **Felder**, z.B. «Nachname»: Sie müssen die Felder lediglich so setzten, als wenn es eine richtige Adresse wäre.

♦ Sie können Felder wie ganz normalen Text behandeln, also markieren, formatieren oder sogar ausschneiden und anderswo wieder einfügen.

   ✍ Wichtig ist nur, dass Sie immer die **«»-Feldzeichen** mitnehmen.

♦ Wenn Sie ein Feld markieren, z.B. »Postleitzahl«, und eine größere **Schrift einstellen**, gilt dies für alle Postleitzahlen der Serienbriefe.

> Felder sind Platzhalter: in das Feld **Nachname** wird jeweils der Nachname aus der Datenbank eingefügt, in **Straße** die Straße usw. Eine zusammengehörende Adresse ist ein **Datensatz**.

17.2 Seriendruck starten

Abschließend bleibt nur übrig, den Seriendruck auszuführen. Dabei wird jeweils eine Adresse in einen Brief eingefügt und gedruckt, automatisch folgt die nächste Adresse usw. (=Verbinden der Adressen mit dem Brief).

➢ Als erstes immer mit der Vorschaufunktion prüfen. Dabei mindestens einige Adressen durchgehen.

➢ Dann den Seriendruck starten, am besten mit „einzelne Dokumente bearbeiten" in ein neues, normales Word-Dokument, dass Sie sich anschließend zur Kontrolle vor dem Ausdruck ansehen können.

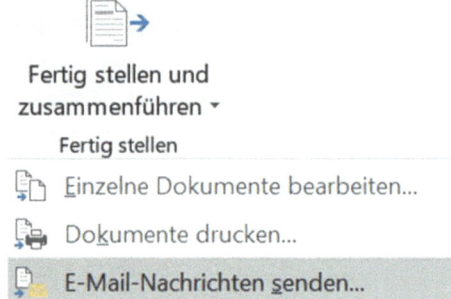

    ✎ Das ist auch eine praktische Methode, um nur bestimmte Adressen auszudrucken. Diese Seiten suchen und im Druckmenü die Seitenzahlen eintragen.

    ✎ Sie können dieses neue Seriendruckdokument auch speichern, um ggf. später erneut einzelne Briefe hieraus zu drucken.

◆ Einzelne Dokumente bearbeiten…:

    ✎ Es wird nicht gedruckt, sondern ein neuer Text erzeugt, den Sie sich zur Überprüfung anschauen können.

    ✎ Nicht hier korrigieren, sondern immer im Original-Brief, danach den Seriendruck neu starten.

    ✎ Dieses Dokument soll daher in der Regel auch nicht gespeichert werden, da Sie dieses jederzeit wieder neu erstellen können.

> Gut zur Kontrolle, weil immer wieder Fehler auffallen.

◆ Dokumente drucken: jeder Serienbrief wird sofort gedruckt.

    ✎ Meistens stellen Sie nach dreißig Seiten einige unmögliche Fehler fest und fangen von vorne an, so dass Sie länger brauchen, als wenn Sie zuerst zur Kontrolle in ein Dokument drucken würden.

◆ Bei der letzten Option, E-Mail-Nachrichten senden…,

    ✎ würden statt Serienbriefen Serienemails erzeugt,

    ✎ wobei in der Datenquelle natürlich E-Mail-Adressen eingetragen und im folgenden Fenster bei „Zu" ausgewählt sein müssen.

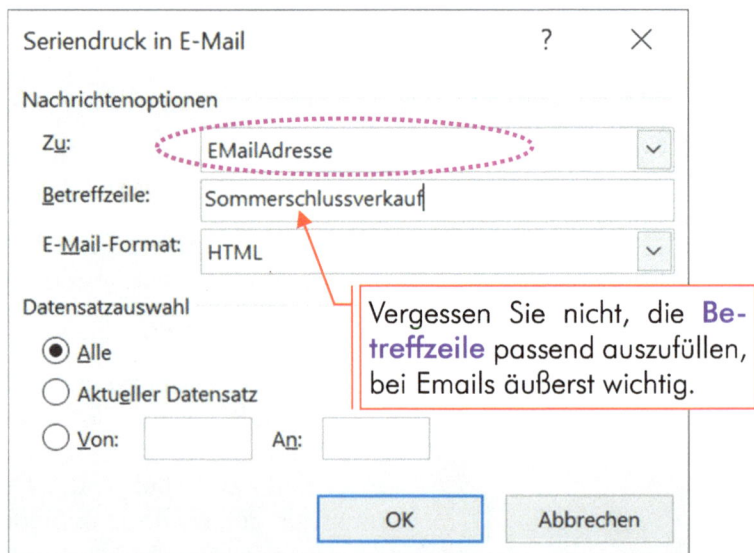

17.3 Tipps für große Serienbrief-Aktionen

Zur Korrektur:

♦ Nicht nur die Vorschau am Bildschirm begutachten, sondern drucken Sie mindestens einen Datensatz aus.

   ↳ Diesen Ausdruck gründlich korrigieren, denn die Frustration und der Zeitverlust sind riesengroß, wenn Hunderte Serienbriefe gedruckt wurden, die wegen kleiner Fehler zum Altpapier wandern müssen!

> Immer anhand eines scharfen Ausdrucks auf Papier mit Zeit korrigieren. Die Anzeige am Bildschirm ist deutlich schlechter, so dass Fehler übersehen werden, die am Papierausdruck sofort auffallen!

♦ Es darf nie die Person allein Korrektur lesen, die den Brief erstellt hat.

   ↳ Mindestens eine, am besten zwei andere Personen, sollten ohne Zeitdruck Korrektur lesen.

   ↳ Eigene Fehler werden meist übersehen, egal wie oft der Text gelesen wird!

Zum Druck:

♦ Besonders wenn Sie Bilder oder Linien verwendet haben, kann der Ausdruck sehr lange dauern.

   ↳ Wenn der Rechner zwanzig Minuten druckt, dann abstürzt, fängt das mühevolle Suchen an, welche Adresse als letzte gedruckt wurde.

♦ Das geht etwas einfacher, wenn Sie in Etappen und sortiert in ein neues Dokument drucken (z.B. PLZ von 80000 bis 85000).

Wie geht das?

♦ Die einfachste Methode ist, in ein neues Dokument zu drucken, dieses zu speichern und dann beim Ausdruck die gewünschten Seitenzahlen einzutragen.

   ↳ In diesem Dokument können im Fall des Falles die bereits gedruckten Briefe gelöscht werden.

♦ Ein anderer Weg geht über die Filter, die im dritten Band zu MS Word sowie in der Sonderausgabe zu Serienbriefen und Etiketten erläutert werden.

Notizen: ....

....

....

....

....

....

....

17.4 Datenbank als MS Word Tabelle

Falls Sie lieber eine Datenbank als normale Tabelle in einem MS Word Dokument wünschen, wie dies bei vorherigen Word-Versionen der Fall war, ist dies auch noch mit folgendem Trick möglich.

> ➢ Wählen Sie „Neues Dokument". Erstellen Sie in diesem neuen Dokument eine Tabelle.

> ↳ In dieser Tabelle werden in die erste Zeile die Spaltenüberschriften eingetragen. Das sind später die Feldnamen.

> ↳ Wichtig: es darf nur diese Tabelle vorhanden sein, keine Absätze vor der Tabelle!

Bereits existierende MS Word-Datentabelle übernehmen:

Empfänger auswählen ▾

Wenn die Datentabelle bereits erstellt ist, können Sie diese auch in dem Seriendruck-Assistenten oder bei einem existierenden Seriendokument mit der abgebildeten Schaltfläche auswählen.

Bearbeiten einer Word-Datentabelle:

Wenn Sie ein Word-Dokument mit Tabelle als Datenquelle verwenden, können Sie dieses im Word leichter bearbeiten oder ausdrucken.

> ◆ Zum Bearbeiten einer Word-Datentabelle einfach dieses Dokument öffnen. In dieser Tabelle können Sie wie in jeder anderen Tabelle arbeiten:

> ↳ neue Zeilen (=Datensätze) ergänzen,

> ↳ Zeilen löschen, Daten ändern usw.

> ↳ Damit die Tabelle schöner wird und eventuell ausgedruckt werden kann, können Sie sogar alle Tabellentools verwenden.

> ◆ Wenn Sie eine neue Spalte, in der Datenbanksprache also ein neues Feld einfügen, müssen Sie lediglich daran denken, in die erste Zeile den Namen des neuen Feldes zu schreiben.

> ◆ Sie können auch Feldnamen (=Spaltenüberschriften) ändern.

> ↳ Ist das Feld bereits in einem Dokument verwendet, dort den alten Feldnamen löschen und neu einfügen.

> ◆ Zum Ausdrucken bietet sich DIN A4 Querformat an, was bei Seitenlayout-Orientierung gewählt werden kann.

Notizen: ....

....

....

....

....

....

....

....

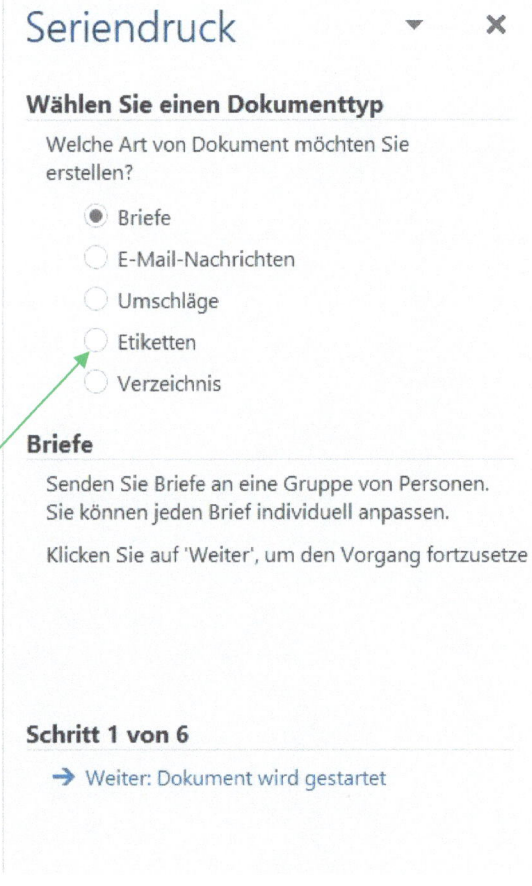

18. Etiketten erstellen

♦ Bei dem Serienbrief haben wir einen Datensatz mit einem Brief zusammengefügt.

  ♐ Für Etiketten werden die Datensätze nur anders zusammengestellt, und zwar genau passend auf die Etiketten-Aufkleber.

♦ Weil im Word alle handelsüblichen Etiketten-Formate bereits gespeichert sind, brauchen Sie im Regelfall nur den von Ihnen verwendeten Etiketten-Typ anzugeben.

  ♐ Die umständliche Arbeit, den Ausdruck an die Etiketten anzupassen, entfällt damit.

18.1 Mit dem Seriendruck-Assistent

Wir wollen jeweils eine Adresse aus unserer Datenbank auf ein Etikett setzen und beginnen darum diesmal mit dem Seriendruck-Assistent.

➤ Beginnen Sie ein neues, leeres Dokument.

➤ Starten Sie auf der Karteikarte Sendungen bei Seriendruck starten ganz unten in der Abrollliste den „Seriendruck-Assistent mit Schritt-für-Schritt-Anweisungen".

Wählen Sie diesmal Etiketten.

➤ Nach Weiter können Sie bei „Etikettenoptionen" das Etikettenformular wählen:

Dokumentlayout ändern

Klicken Sie auf Etikettenoptionen, um eine Etikettengröße zu wählen.

▢ Etikettenoptionen...

Seriendruck

Wählen Sie einen Dokumenttyp

Welche Art von Dokument möchten Sie erstellen?

⦿ Briefe
◯ E-Mail-Nachrichten
◯ Umschläge
◯ Etiketten
◯ Verzeichnis

Briefe

Senden Sie Briefe an eine Gruppe von Personen. Sie können jeden Brief individuell anpassen.

Klicken Sie auf 'Weiter', um den Vorgang fortzusetze

Schritt 1 von 6

→ Weiter: Dokument wird gestartet

18.2 Etikettenformat wählen

In dem folgenden Menü bei Etikettenoptionen können Sie von fast allen Etikettenherstellern die Etikettenformate auswählen. Damit ist das Etikettenformular bereits perfekt eingerichtet.

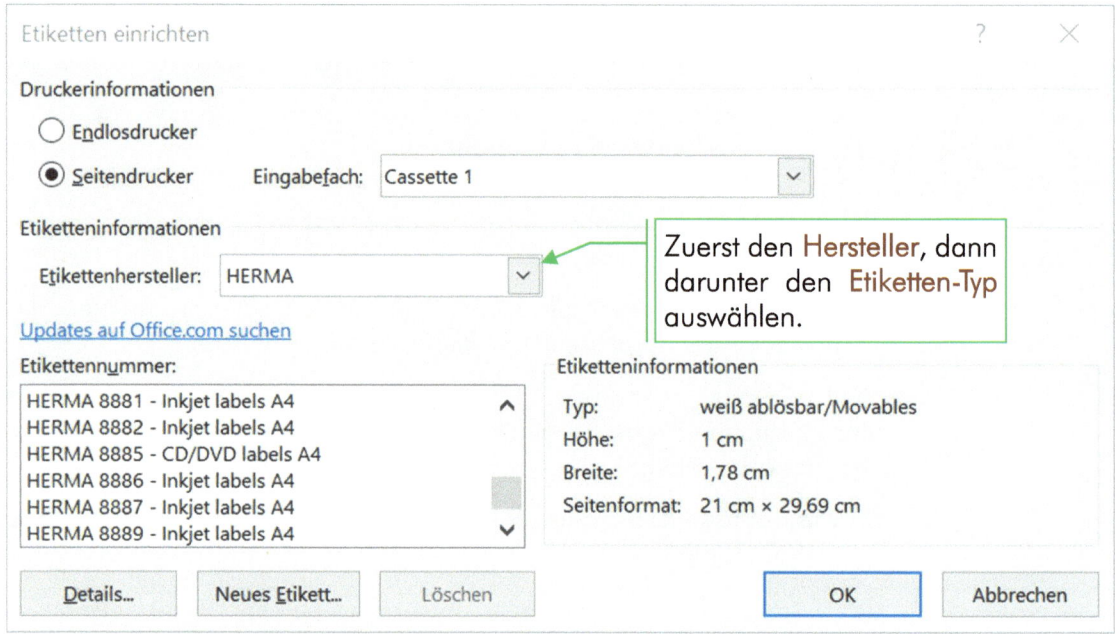

- Bei Details können Sie sich die Etikettenmaße zur Überprüfung anzeigen lassen. In diesem Menü könnten die Maße auch geändert werden.

- Bei „Neues Etikett" kann ein Format von Hand eingestellt werden. Das ist mit sehr viel Arbeit verbunden!

18.3 Die Datenquelle wählen

➤ Wir wollen unsere in der letzten Übung erstellte Datenquelle verwenden, darum nach „Weiter…" „Vorhandene Liste verwenden"

➤ und mit Durchsuchen die bei der vorigen Serienbrief-Übung erstellte Datenbank auswählen und alle Daten bestätigen

   ✎ Über die Häkchen könnten Sie gezielt Adressen auswählen, falls nicht alle gewünscht sind.

➤ Nach „Weiter…" können die Adressen auf die Etiketten gesetzt werden.

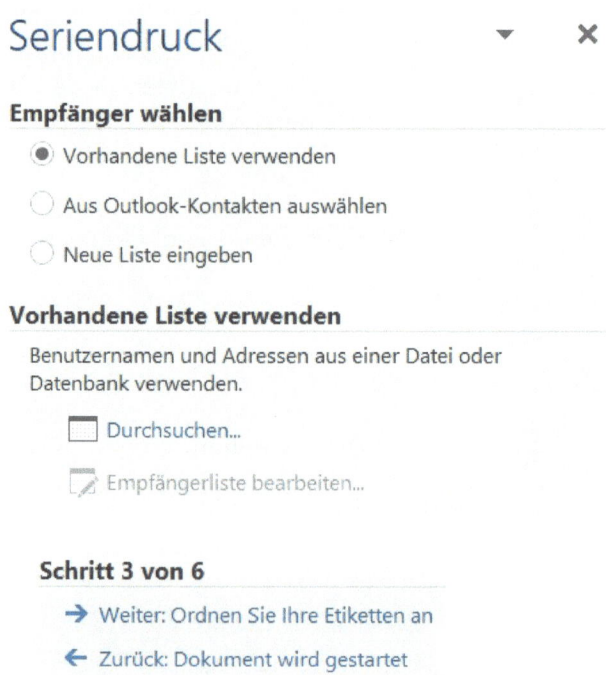

Das Dokument einrichten:

➤ Fügen Sie schon einmal beim ersten Etikett den Adressblock ein (die Anordnung der Felder bei „Übereinstimmende Felder festlegen" korrigieren).

➤ Damit auf jedem Etikett die nächste Adresse gedruckt wird, ist die Schaltfläche „Alle Etiketten aktualisieren" zu drücken.

↳ Mit dieser Schaltfläche können Sie auch Formatierungen oder Änderungen der Feldzusammenstellung auf alle anderen Etiketten übertragen.

➤ Mittels der Vorschau (Weiter…) überprüfen und dann zunächst in ein neues Dokument ausdrucken.

So muss es werden. Im ersten Feld „Adressblock", in den nächsten „Nächster Datensatz" und „Adressblock", damit die nächste Adresse gedruckt wird:

Seriendruck   ▾   ✕

Ordnen Sie Ihre Etiketten an

Wenn noch nicht geschehen, erstellen Sie jetzt das Layout für Ihre Etiketten mithilfe des ersten Etiketts auf dem Blatt.

Um Ihrem Etikett Empfängerinformationen hinzuzufügen, klicken Sie in Ihr erstes Etikett und dann auf eines der Elemente unten.

   📄 Adressblock…

   📄 Grußzeile…

   📑 Elektronisches Porto…

   🔲 Weitere Elemente…

Nachdem Sie Ihr Etikett erstellt haben, klicken Sie auf "Weiter". Dann wird eine Vorschau angezeigt, und Sie können jedes Etikett individuell personalisieren.

Etiketten replizieren

Sie können das Layout des ersten Etiketts auf die anderen Etiketten auf der Seite übertragen, indem Sie auf die Schaltfläche unten klicken.

««Addresse»»	«Nächster Datensatz» ««Addresse»»	«Nächster Datensatz» « « Addresse »»
«Nächster Datensatz» « « Addresse »»	«Nächster Datensatz» « « Addresse »»	«Nächster Datensatz» « « Addresse »»
«Nächster Datensatz» « « Addresse »»	«Nächster Datensatz» « « Addresse »»	«Nächster Datensatz» « « Addresse »»

➤ Jetzt ist das Etikett eingerichtet und Sie können das Etikettenblatt ausdrucken oder speichern.

18.4 Etiketten speichern

> ➤ Mit „Zurück…" können Sie jederzeit zurückgehen und Änderungen vornehmen oder den Adressblock anders formatieren, z.B. zentriert oder einen oberen Absatzabstand einfügen.

Wenn alles perfekt eingestellt ist, sollte die Arbeit gespeichert werden:

> ➤ Dafür ganz normal speichern wählen.
>
> > ✏ Nicht einen Ausdruck in Datei speichern, da Sie diesen jederzeit neu erstellen können, sondern das Etikettenblatt!
> >
> > ✏ Vergeben Sie als Dateinamen zweckmäßigerweise die Nummer des Etiketts, z.B. Zweckform E2922.
> >
> > ✏ Wenn Sie alle Etiketten in einen Ordner zusammen speichern, finden Sie diese ohne Probleme wieder.

Damit brauchen Sie die Etiketten nicht jedes Mal neu einzurichten, sondern nur die gespeicherte Datei aufzurufen.

18.5 Umschläge und einzelne Etiketten

Bisher haben wir den Seriendruck behandelt. Seriendruck erspart sehr viel Arbeit z.B. bei Rundschreiben an alle Vereinsmitglieder oder um Werbesendungen zu erstellen.

18.5.1 Umschlag oder Etikett

Manchmal soll nur ein einzelner Brief gedruckt werden, etwa an ein gerade neu aufgenommenes Vereinsmitglied.

> ◆ entweder einen Briefumschlag mit Sichtfenster verwenden und Ihre Absenderadresse ganz klein über die Adresse setzen, wie wir es bei unserem Übungsbrief gemacht haben, oder
>
> ◆ einzelne Etiketten, bzw. einen einzelnen Briefumschlag bedrucken, ohne die Adresse doppelt schreiben zu müssen. Gut für Umschläge ohne Sichtfenster.

18.5.2 Eine Adresse auswählen

> ◆ Bei der Karteikarte Sendungen kommen Sie jederzeit wieder zu den Seriendruck-Befehlen.
>
> ◆ Sie können bei „Empfängerliste bearbeiten" nur den gewünschten Datensatz ankreuzen:

Empfängerliste
bearbeiten

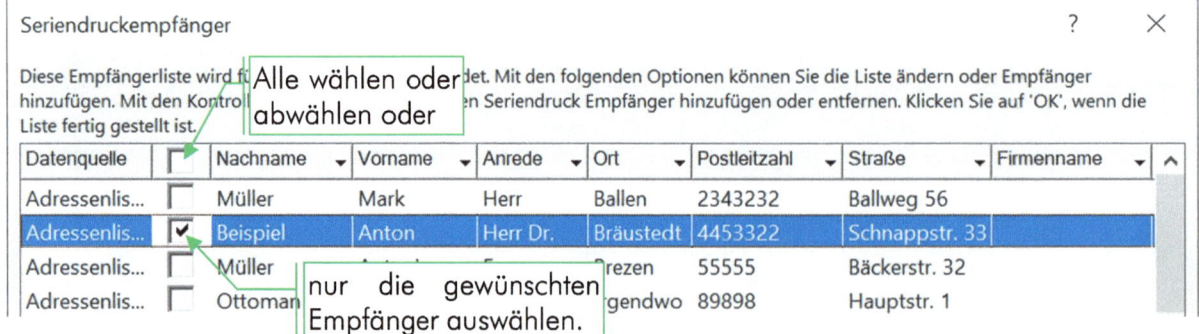

♦ Bei „Fertig stellen.../Dokumente drucken" kann auch gewählt werden, welche Datensatz gedruckt werden sollen.

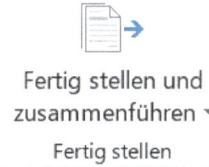

Fertig stellen und
zusammenführen ˅

Fertig stellen

Wenn Sie ein Etikett nicht oben links drucken wollen, um z.B. einen Etikettenbogen nach und nach zu verbrauchen, in der Vorschau einfach die Adresse ausschneiden und an die gewünschte Etikettenposition einfügen.

Aktueller Datensatz oder einen Bereich angeben.

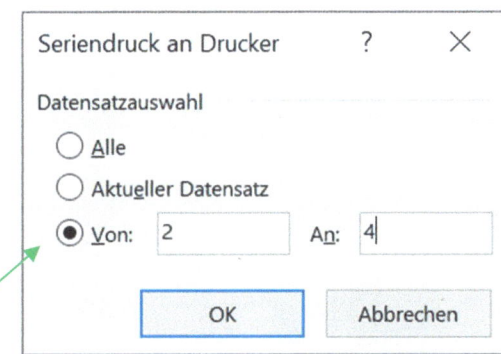

18.6 Briefumschläge

18.6.1 Briefumschlag in Handarbeit

Die einfache Lösung aus der Praxis für bedruckte Briefumschläge ist es, den Briefumschlag als normale Datei einzurichten:

♦ z.B. Papierformat DIN Lang für Umschläge mit 220 mm Länge ohne Sichtfenster, die Adresse in ein Textfeld (Einfügen-Formen) setzen, damit diese leicht verschoben werden kann oder den Adressabsatz an die gewünschte Position einrücken.

♦ Voreingestellte Briefe finden Sie auch mit Datei-Neu und dann nach „Umschläge" suchen.

♦ Die Adresse wird aus dem Brief kopiert und in den Briefumschlag eingefügt, dann ggf. den Umschlag für die spätere Verwendung mit „Speichern unter" in einem eigenen Ordner „Briefumschläge" speichern.

    ✎ Genauso können Sie ein so eingerichtetes Briefumschlagsdokument statt mit einer konkreten Adresse mit Seriendruckfeldern ausstatten, um direkt aus der Datenbank Umschläge zu bedrucken.

18.6.2 Die Briefumschlag-Druckfunktion

Statt der zuvor beschriebenen Handarbeit gibt es diese Word-Funktion:

➢ Sie könnten zuerst einen fertigen Brief öffnen und dort die Adresse markieren und kopieren,

➢ dann auf der Karteikarte Sendungen Umschläge wählen und in dem folgenden Menü die zuvor kopierte Adresse einfügen.

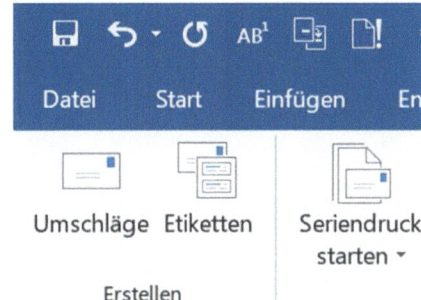

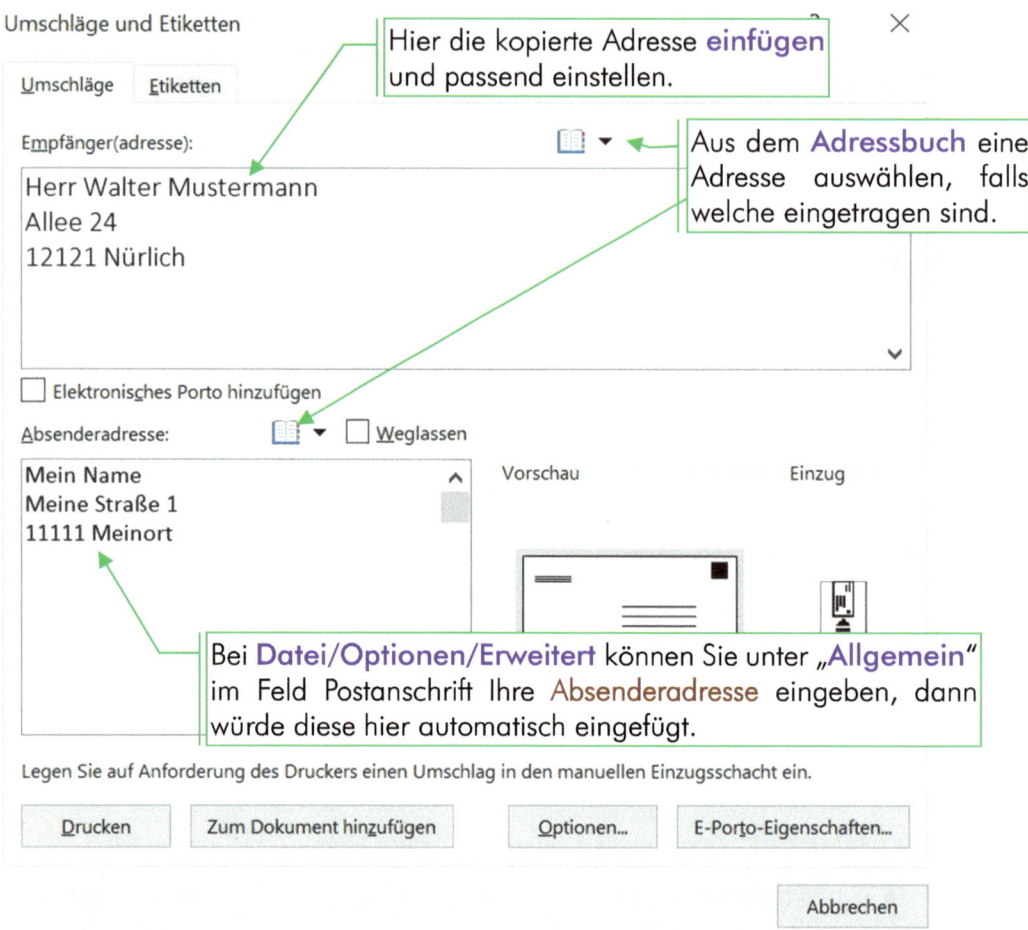

- Beachten Sie die Vorschau, auf die Sie auch klicken können, um z.B. die Lage des Adressfeldes beim Ausdruck in einem Menü anzugeben.

- Bei Optionen können diverse Briefumschläge und Etikettenformate ausgewählt werden.

- Karteikarte Umschläge für Briefumschläge, für Etiketten zur Karteikarte Etiketten wechseln oder gleich die Schaltfläche Etiketten:

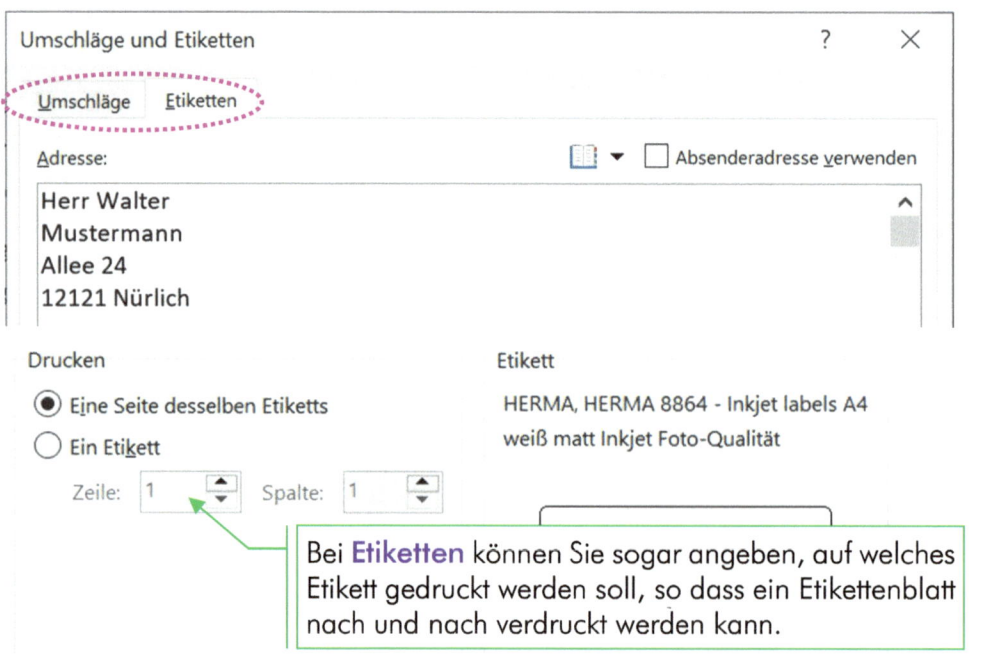

18.7 Visitenkarten drucken

Wenn schon Etiketten gedruckt werden können, ist es ebenso möglich, Visitenkarten zu erstellen. Die grafischen Möglichkeiten von Word sind hierbei erstaunlich.

Mit farbig vorgedruckten Visitenkarten lassen sich perfekte Karten erstellen, die durch Perforierung leicht herausgetrennt werden können. Falls keine Vorlage vorhanden ist, messen Sie die Karten und nehmen möglichst ähnliche Etiketten, vor allem mit gleicher Höhe.

> ➢ Beginnen Sie ein neues, leeres Dokument.

> ➢ Die einfachste Möglichkeit, solche Karten zu bedrucken, ist der vorhin besprochene Befehl bei Sendungen-Umschläge:

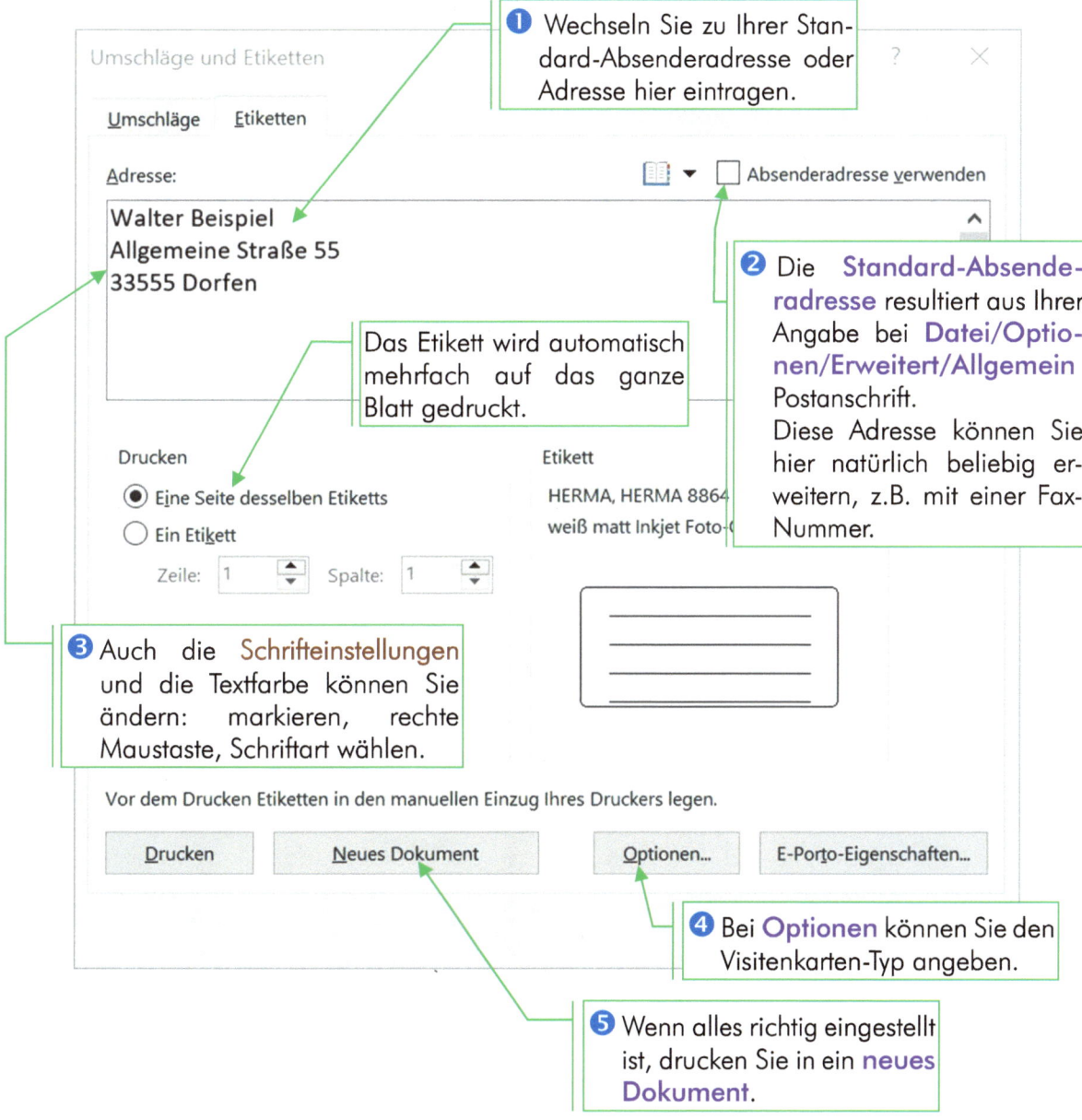

❶ Wechseln Sie zu Ihrer Standard-Absenderadresse oder Adresse hier eintragen.

❷ Die Standard-Absenderadresse resultiert aus Ihrer Angabe bei Datei/Optionen/Erweitert/Allgemein Postanschrift.
Diese Adresse können Sie hier natürlich beliebig erweitern, z.B. mit einer Fax-Nummer.

Das Etikett wird automatisch mehrfach auf das ganze Blatt gedruckt.

❸ Auch die Schrifteinstellungen und die Textfarbe können Sie ändern: markieren, rechte Maustaste, Schriftart wählen.

❹ Bei Optionen können Sie den Visitenkarten-Typ angeben.

❺ Wenn alles richtig eingestellt ist, drucken Sie in ein neues Dokument.

Sie erhalten einen Text, den Sie speichern und abschließend schön formatieren können, wie es im nächsten Abschnitt beschrieben wird.

18.7.1 Visitenkarten gestalten

Größe anpassen:

Bei den vorgefertigten Karten brauchen Sie wieder nur den Typ anzugeben. Schneiden Sie sich Karten selbst oder ist der Typ nicht vorhanden, entweder einen geeigneten Standard-Typ wählen oder das Etikett manuell einstellen.

Sie erhalten eine Tabelle, gefüllt mit Ihren Daten. Mit den Tabellenbefehlen können Sie das Format nachträglich sehr einfach anpassen.

> ➢ Probeausdruck auf Schmierpapier anfertigen und über das Visitenkarten-Papier legen.

Passen Sie die Spalten und Zeilen der Tabelle so lange von Hand an, bis alles passt:

> ➢ Zeile oder Spalte markieren, rechte Maustaste und bei Tabelleneigenschaften einen genauen Wert eintragen. Probeausdrucke systematisch vergleichen, damit Sie sich immer mehr dem Original annähern.

> ➢ Wenn die Tabellengröße für Ihr Visitenkarten-Papier passt, können Sie diese als Vorlage für weitere Arbeiten speichern.

> ➢ Wollen Sie eine neue Visitenkarte erstellen, darauf zurückgreifen und nur den Eintrag, z.B. eine neue Telefonnummer, mit dem Befehl Ersetzen bei Start, austauschen.

Design verändern:

Als zweites sollte nun der Text der Visitenkarte optimiert werden. Der Weg, die Etikettenvorlage neu zu erstellen, ist viel umständlicher als folgender:

> ➢ Das erste Etikett ansprechend gestalten:
>> ✎ Verwenden Sie alle Ihre Kenntnisse, z.B. Schriftgröße, -farbe, kursiv oder fett, Text invertiert oder mit WordArt verschönern, Kapitälchen, gesperrt, Zeilenabstand, Sonderzeichen, Grafikelemente wie Linien oder Dreiecke usw.

> ➢ Abschließend dieses eine Etikett markieren, mit [Strg]-c kopieren und in die anderen Felder mit [Strg]-v einfügen.

Erst kopieren, wenn wirklich alles passt! Das stellt sich nur nach einem Probeausdruck heraus.

WALTER BEISPIEL

Allgemeine Straße 55
33555 Dorfen
Tel.: 34555 / 23 42 34
Fax: 34555 / 23 42 35

WordArt oder Texteffekt.

Entweder ein Rechteck zeichnen und hinter den Text setzen (rechte Maustaste/In den Hintergrund/Hinter den Text bringen) oder mit Rahmen und Schattierung einstellen.

Sechster Teil

Weiteres

Vorlagen benutzen, Formulare erstellen, Berechnungen in Tabellen und ein Makro

———————

19. Die Vorlagen von Word

Fertige Layout-Vorlagen erst ganz am Schluss? Klar, denn es ist zu einfach, diese Vorlagen zu verwenden. Außerdem ist das Grundwissen um die Format-vorlagen unerlässlich, weil auch die Vorlagen auf den Formatvorlagen auf-bauen.

♦ **Dokumentvorlagen** sind vorformatierte Texte, die Ihnen Einstellarbei-ten ersparen und zu professionell gestalteten Dokumenten verhelfen.

19.1 Für einen neuen Text

Wenn Sie einen neuen Text beginnen, können Sie eine Vorlage bei Datei/Neu auswählen:

Wenn Sie keine passende Vorlage fin-den, hier einen Suchbegriff eintragen, Anschreiben, Fax oder Lebenslauf.

Vorlage anklicken und eine vergrößerte Vor-schau wird eingeblendet. Dort können Sie mit „Erstellen" diese Vorlage verwenden.

➢ Beginnen Sie einige neue Dokumente mittels einer Vorlage, um sich diese anzuschauen, anschließend schließen, ohne zu speichern.

19.1.1 Die Dateiendung

Vorlagen müssen sich von normalen Dokumenten unterscheiden: Dokumente erhalten die Dateiendung docx für document, Vorlagen sind an der Dateien-dung dotx von document layout erkennbar.

19.2 Die Wirkung einer Dokumentvorlage

- Das Seitenformat ist bereits eingestellt, z.B. bei den Broschüren mehrspaltige Faltblätter.

- Der Mustertext in dem Dokument ist einerseits richtig formatiert, so dass Sie diesen nur durch Ihren Text zu überschreiben haben, andererseits zugleich die Anleitung, wie Sie die Vorlage verwenden können.

Dokumentvorlagen bieten damit eine Hilfe, Dokumente mit professionellem Design zu erstellen.

Formatierung mittels Formatvorlagen:

- Wenn Sie die Anleitungstexte überschreiben, sind diese komplett weg. Vorher gut anschauen, da Sie danach Ihre eigenen Texte durch Auswahl der richtigen Formatvorlagen genauso formatieren müssen.

    - ✎ Ggf. eine Vorlage zweimal öffnen, ein Original zum Anschauen und eine weitere Vorlage zum individuellen anpassen mit eigenen Texten

    - ✎ Eine Einarbeitung in die vorprogrammierten Formatvorlagen ist nötig, um die eigenen Texte einstellen zu können.

Tipps für die Formatvorlagen:

- Formatvorlagen-Menü einblenden, Textabsätze anklicken und studieren, welche Formatvorlagen für welche Texte verwendet wurden.

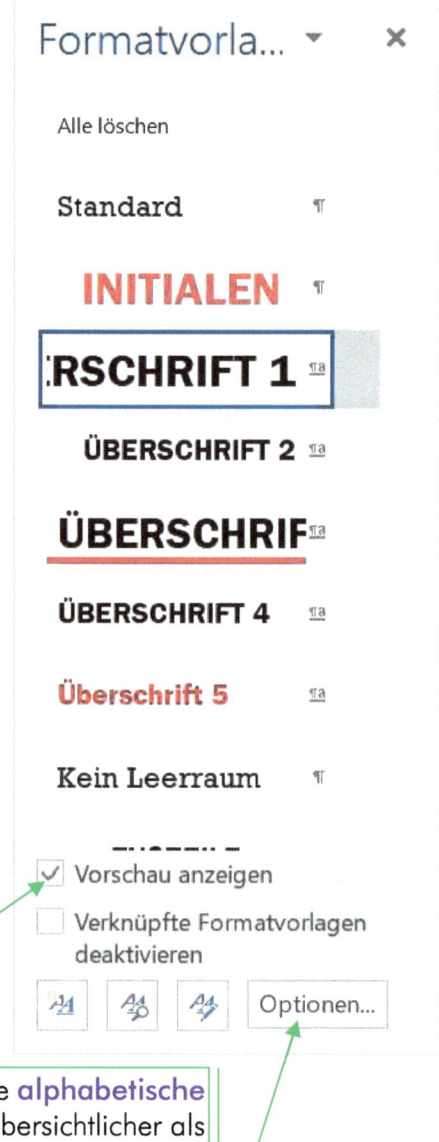

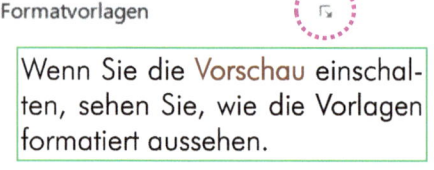

Wenn Sie die Vorschau einschalten, sehen Sie, wie die Vorlagen formatiert aussehen.

Bei Optionen können Sie die alphabetische Sortierung einschalten, ist übersichtlicher als die von Word empfohlene Sortierung.

19.3 Für einen bestehenden Text

- Eine Dokumentvorlage können Sie nur wählen, wenn Sie einen neuen Text beginnen.

    - ✎ Falls also schon Text vorhanden ist, diesen aus dem alten Text in den neu begonnenen Text mit einer Vorlage kopieren.

Bereits vorhandenen Texten können Designs, in denen die Formatvorlagen schon voreingestellt sind, zugewiesen werden.

> Bei dem Text **Entwurf/Designs** wählen:

Leider wird die Hintergrundfarbe nicht geändert. Bei **Seitenfarbe** können Sie eine Farbe für den Hintergrund einmalig wählen, diese Hintergrundfarbe wird auch entsprechend der Designs aktualisiert.

Eine **Vorlage** wählen, das Ergebnis wird unmittelbar am Text angezeigt.

Alle manuellen Designänderungen werden wieder abgeschaltet.

Falls Sie ein Design am Text geändert haben, z.B. den Seitenhintergrund oder die Überschriftenformatierungen, können Sie dieses **als neues Design speichern**.

♦ In der Mitte können bei „**Dokumentformatierung**" verschiedene Farb- und Schriftartzusammenstellungen gewählt werden, bei **Farben** andere Farbzusammenstellungen, die **Effekte**, z.B. ein Schatten oder abgesenkt, gelten nur für gezeichnete Objekte.

19.4 Zusammenfassung

Sie haben damit folgende interessante Möglichkeiten:

♦ die praktische, bei **Datei/Neu,** einen neuen Text mit einer **Vorlage** zu beginnen,

♦ bei einem Text mit **Entwurf/Design** ein neues Design (neue Farb- und Schriftartzusammenstellungen) zuzuweisen und

♦ bei **Seitenfarbe** einen farbigen Seitenhintergrund oder einen Farbverlauf, ein Muster oder ein Foto als Seitenhintergrund auszuwählen.

19.5 Übung Faxvorlage erstellen

➤ Wählen Sie ein neues Dokument und suchen Sie eine Faxvorlage aus, hierfür bei Datei/Neu oben bei „Nach Onlinevorlagen suchen" Fax eintragen.

➤ Richten Sie das Dokument mit Ihren Daten gebrauchsfertig ein.

➤ Als normalen Text speichern, den Sie später mit „Speichern unter" kopieren können, falls Sie die erstellten Faxe nach dem Verschicken speichern wollen.

Da Sie Ihre Dokumente nur einmal einrichten müssen, dann beliebig oft mit Datei-Speichern unter reproduzieren können, ist es meistens besser, eigene Dateien ohne Vorlagen voreinzustellen. Natürlich können Sie neue Dokumente mit den Vorlagen beginnen, um sich Anregungen für das Design z.B. eines Briefes zu holen.

19.6 Übung Visitenkarten

➤ Datei/Neu und unten bei den Onlinevorlagen finden Sie diverse Visitenkarten.

↳ Beachten Sie die Anzeige, für welche Etikettenformate die jeweiligen Visitenkarten geeignet sind, sobald Sie eine Karte anklicken.

➤ Eine Vorlage wählen und das neue Visitenkarten-Dokument wird geöffnet.

➤ Mit „Ersetzen" können Sie in allen Textfeldern z.B. Straße durch Ihre Straße ersetzen lassen, denn Änderungen in der ersten Visitenkarte werden nicht automatisch in die folgenden übernommen.

↳ Auch wenn Sie z.B. die Schriftart oder -größe eines Eintrags ändern wollen, müssen Sie die Änderungen zu allen anderen Einträgen manuell übernehmen, am besten mit Format übertragen.

Da haben die auf Alternativen S. 32 und S. 105 durchaus Vorteile.

Notizen: ....

....

....

....

....

....

....

....

....

....

....

20. Ein Formular erstellen

Bei einem Formular soll die Maske (z.B. Name:, Straße: usw.) immer gleich sein. Die Daten können nur in vorbereitete Felder eingegeben werden.

Das wird durch folgende Schritte erreicht:

♦ Die Maske wird als neue Dokumentvorlage gespeichert und geschützt.

    ↳ Wenn Sie das Formular ausfüllen wollen, öffnen Sie einen neuen Text, basierend auf dieser Dokumentvorlage.

    ↳ Durch den Schutz können nur noch die Felder ausgefüllt werden, während die Maske selbst nicht verändert werden kann.

Damit Daten in die Maske eingegeben werden können, werden Felder als Platzhalter eingefügt.

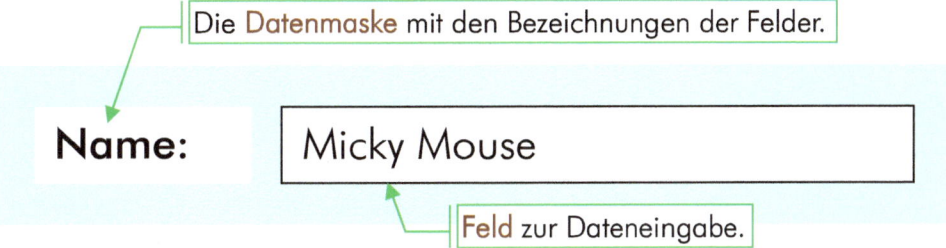

Die Datenmaske mit den Bezeichnungen der Felder.

Name: Micky Mouse

Feld zur Dateneingabe.

Sie können Formulare auf diese zwei Arten nutzen:

♦ Sie drucken das Formular aus, um es zu verschicken. Die zurückkommenden Daten werden von Ihnen in den Computer eingegeben, meist nicht in das Formular, sondern in eine Datenbank zur Auswertung.

♦ Die Formulare werden direkt am Computer ausgefüllt, z.B. für von der Straße eingeladene Testpersonen eines Marktforschungsinstitutes oder Sie verschicken die Formulare elektronisch als Datei, die einem Email angehängt wird und erhalten die Antworten auf dem gleichen Wege.

20.1 Die Maske erstellen

Zur Übung werden wir einen Aufnahmeantrag erstellen. Wir brauchen eine neue Dokumentvorlage und die Befehle zur Formularerstellung.

> Ein neues Dokument beginnen. Zu „Menüband anpassen" kommen Sie entweder bei Datei/Optionen oder rechte Maustaste auf einem Spaltenreiter, dort können Sie die Entwicklertools aktivieren.

> Mit Datei/Speichern unter gleich speichern, jedoch unten als Dateityp „Word Vorlage" wählen:

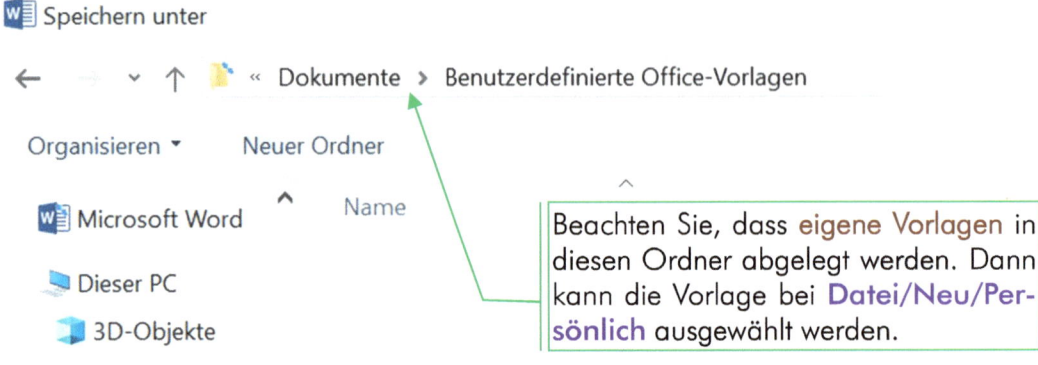

> Die Microsoft-Vorlagen wurden in diesem Ordner gespeichert:
> C:\Benutzer\Benutzername\AppData\Roaming\Microsoft\Templates

Vergessen Sie selbst erstellte oder modifizierte Vorlagen nicht bei der Datensicherung!

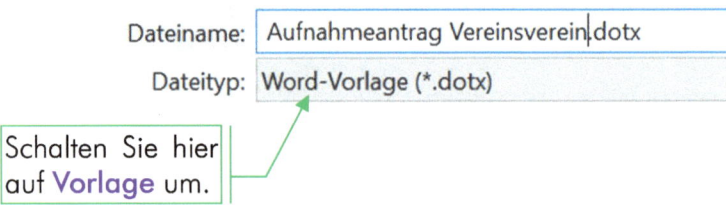

Schalten Sie hier auf **Vorlage** um.

♦ Jetzt bearbeiten Sie eine **Dokumentvorlage**, die beim Speichern die Endung **dotx** erhält. Diese **Dokumentvorlage** kann wie ein normaler Text bearbeitet werden.

Zur Übung:

> Stellen Sie das **Papierformat** auf DIN A5 ein, Seitenränder je 1,5 cm.

> **Schreiben** und formatieren Sie den Kopf des Formulars ähnlich:

Deutscher Vereinsverein

zur Förderung der Vereinsmeierei e.V.

Vorsitzender: Prof. Dr. Andreas Holzwurm, Prof. Dr. Großmann
Geschäftsstelle: Wahlstr. 57 — 99999 Tausendstadt
Tel.: 345/345345 — Fax: 345/345346

Aufnahme-Antrag

20.2 Kontrollkästchen als erste Symbole

Um Felder einzufügen, brauchen Sie die Symbolleiste für Formulare.

> Ergänzen und stellen Sie die Position mit **Tabulatoren** über das Lineal ein:

als ordentliches Mitglied   als unordentliches Mitglied

Vor die zwei Mitglieder-Alternativen sollen zwei Kästchen zum Ankreuzen.

> Cursor vor „als ordentliches Mitgliedˮ, dann mittels der Symbolleiste ein Kontrollkästchen einfügen, ebenso vor „als unordentliches Mitgliedˮ.

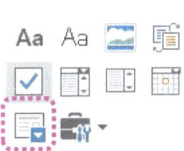

> ✎ Auf der zuvor aktivierten Karteikarte Entwicklertools finden Sie:

Das Ergebnis: → ☐·als·ordentliches·Mitglied → ☐·als·unordentliches·Mitglied¶

> Beachten Sie die Schaltfläche Entwurfsmodus, mit der Sie zur normalen Ansicht oder zum Entwurfsmodus zum Bearbeiten der Schaltflächen wechseln können.

Spätestens beim letzten Speichern, aber erst, wenn das Formular wirklich fertig ist, muss die Formularmaske geschützt werden, damit fortan nur noch die Felder ausgefüllt, aber nicht mehr das Formular an sich verändert werden kann - das ist schließlich der ganze Zweck von einem Formular.

20.3 Formular schützen

> Drücken Sie das Symbol Bearbeitung einschränken:

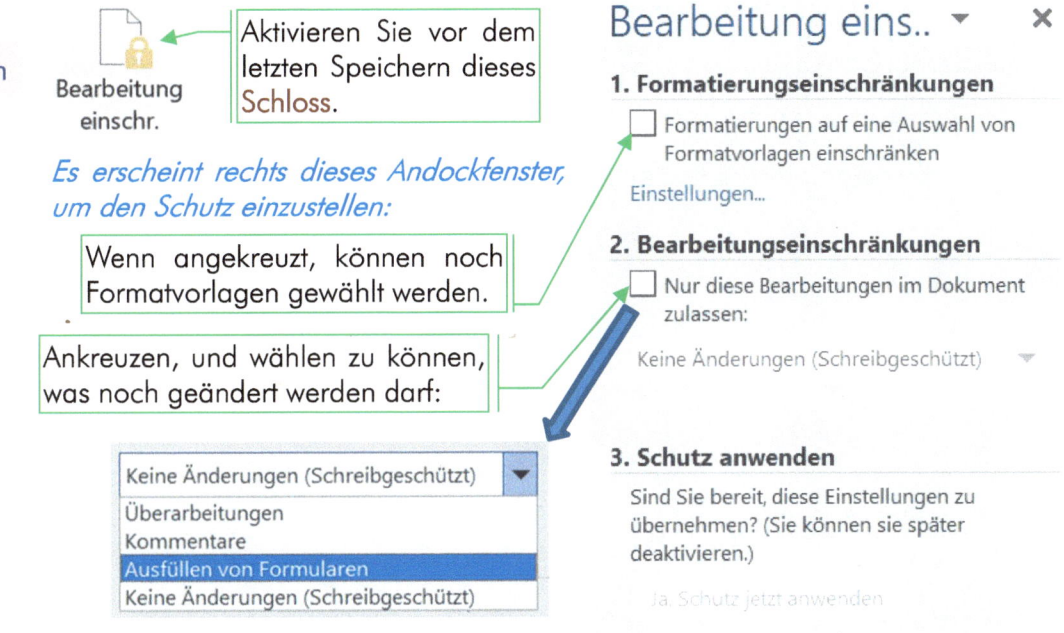

> Wählen Sie „Ausfüllen von Formularenˮ.

> ✎ Damit kann das Formular nur geändert werden, wenn die Dokumentvorlage erneut als Vorlage geöffnet wird, bei auf der Vorlage aufbauenden Texten dürfen nur die Formularfelder ausgefüllt werden.

> Schutz anwenden nicht vergessen, wenn Sie anschließend die Kennwortfrage leer bestätigen, ist kein Passwort erforderlich, um den Schutz wieder aufzuheben! Also immer mit Passwort.

> Probieren Sie, ob Sie noch etwas ändern können, z.B. Text löschen, ergänzen oder Felder ausfüllen.

20.4 Formular erneut bearbeiten

➢ Speichern und Schließen Sie den Text.

➢ Beginnen Sie mit Datei/Neu, dann zu Persönlich umschalten, einen neuen Text und wählen „Aufnahmeantrag Vereinsverein" als Vorlage.

➢ Probieren Sie, den Text zu ändern und die Kästchen auszufüllen.

☞ Beachten Sie, dass wegen dem Schutz der Vorlage, auch nicht die Vorlage „Aufnahmeantrag Vereinsverein" geöffnet wurde, sondern ein neuer, noch nicht gespeicherter Text mit dem Inhalt der Vorlage.

➢ Diesen Probetext schließen ohne zu speichern, dann die Vorlage wieder als Vorlage öffnen: Datei/Öffnen/Aufnahmeantrag Vereinsverein.dotx

➢ und den Schutz aufheben, damit wir die Vorlage fertigstellen können.

☞ Dafür erneut das Symbol „Bearbeitung einschränken" anklicken, ganz unten bei Bearbeitung einschränken finden Sie schön klein und gut versteckt „Schutz aufheben", dort klicken und mit dem Passwort entsperren.

> Schutz aufheben

20.5 Textfelder einfügen

In der vorigen Übung haben Sie bereits gesehen, dass wir bei einem geschützten Formular die Vorgabetexte nicht mehr ändern können. Damit die Anwender Ihre Texteingaben machen können, werden spezielle Textfelder eingefügt, in denen auch ein häufig verwendeter Vorlagentext bereits eingetragen werden kann.

Weiter geht es mit dem Formular. Jetzt brauchen Sie nach den Fragen jeweils ein Textformularfeld.

➢ Schreiben Sie den folgenden Text, mit einem Dezimaltabulator für die Beiträge, einem rechtsbündigen für die Angaben und einem linksbündigen für die Textformularfelder die Spalten passend ausrichten.

➢ Dann Cursor an die richtige Stelle und die Textformularfelder einfügen:

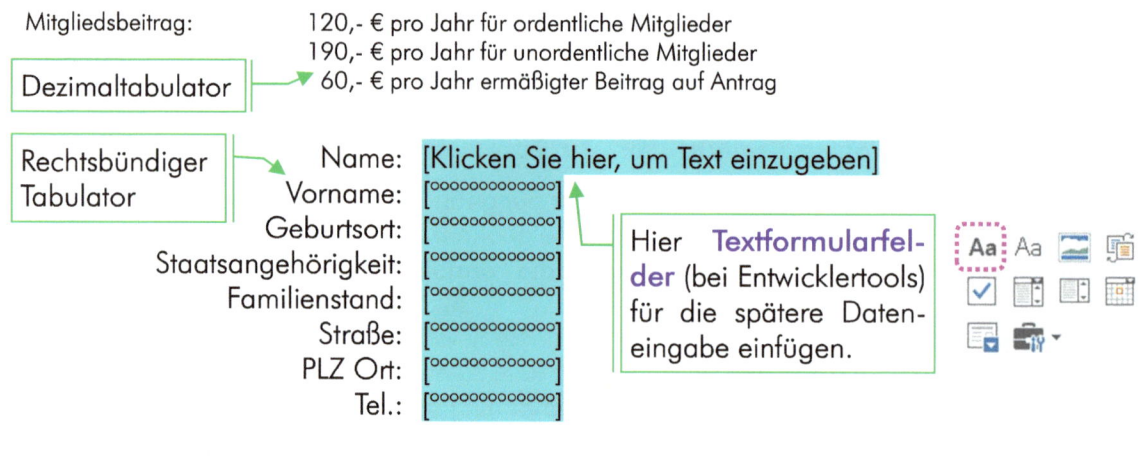

```
Ort, Datum:   Unterschrift
```

20.6 Die Optionen

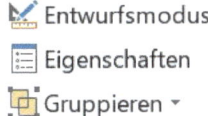

Generell gibt es zwei verschiedene Textfelder, bei dem rechten „**nur Text**" kann ein Zeilenumbruch blockiert werden, d.h. nur einzeilige Einträge möglich.

- ◆ Sie können jedes **Textformularfeld** einstellen: anklicken, dann oben im Symbolband **Eigenschaften** wählen.

  ☑ Entwurfsmodus
  ▤ Eigenschaften
  ▣ Gruppieren ▾

- ↳ Je nachdem, ob Sie ein **Textformularfeld** oder ein Kästchen ausgewählt haben, finden Sie unterschiedliche Einstellmöglichkeiten vor.

Einstellmöglichkeiten s für Kontrollkästchen:

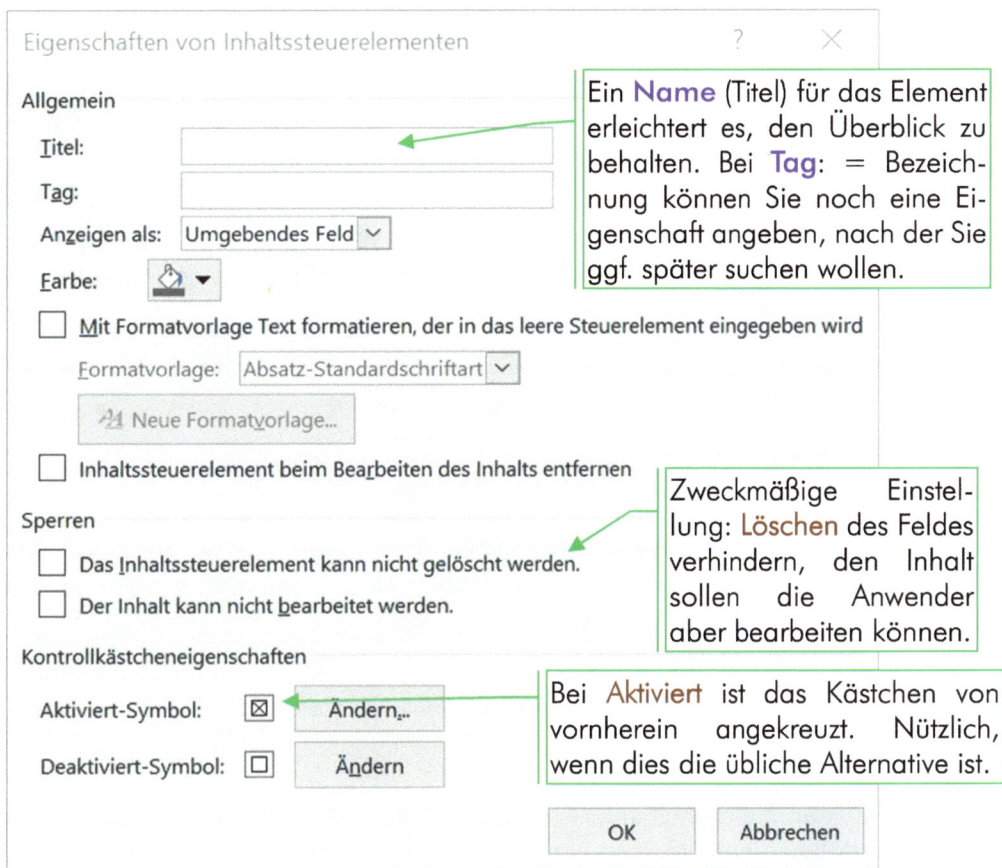

Zu den Formatvorlagen:

- ◆ Um Formatierungsarbeit zu sparen, können Sie eine **Formatvorlage** zuweisen, z.B. eine neue Formatvorlage für die Textfelder.

  - ↳ Wenn Sie zwei verschiedene Formatvorlagen für Kontrollkästchen und Textformularfelder verwenden, könnten die Formatierungen für diese jederzeit geändert werden, egal wie viele solcher Elemente verwendet wurden, z. B. könnten für Textformularfelder in dieser Formatvorlage Großbuchstaben eingestellt werden.

  - ↳ Mit der gleichen **Formatvorlage** haben die Kästchen immer die gleichen Formatierungen wie der umgebende Text.

20.7 Daten eingeben

Wenn das Formular als Dokumentvorlage gespeichert ist und vorher geschützt wurde, können Sie folgendermaßen damit arbeiten:

➢ Drücken Sie auf Datei, dann Neu, dann oben zu „Persönlich".

➢ Wählen Sie als Dokumentvorlage das neue Formular aus.

➢ Probieren Sie, den Text zu ändern – dies sollte nicht möglich sein.

➢ Füllen Sie das Formular mit Ihren Daten aus.

> Falls Sie die Vorgabetexte ändern können, hatten Sie die Vorlage nicht geschützt! Falls Sie keinen Text eintragen können, hatten Sie beim Schutz die Option „keine Änderungen (Schreibgeschützt)" angekreuzt.

Neue Mitglieder:

♦ Wenn Sie neue Mitglieder aufnehmen, sollten Sie jeden Aufnahmeantrag als eigene Datei speichern sowie ausdrucken und abheften.

   ↳ Erstellen Sie sich einen Ordner z.B. namens Aufnahmeanträge, dann brauchen Sie Aufnahme nicht in jedem Dateinamen anzugeben, sondern zweckmäßig den Namen des neuen Mitglieds, dann finden Sie einen Antrag später leichter wieder,

   ↳ Besonders wenn Sie präzise Dateinamen verwenden, z.B. „Müller, Heinz, München" oder „Müller, Evi, Berlin".

20.8 Dropdown-Formularfeld

♦ Wenn Sie im Word eine Schriftart wählen, verwenden Sie ein Dropdown-Formularfeld: eine Liste mit Vorgaben klappt herunter, sobald Sie den Pfeil drücken.

   ↳ Ähnlich sind Dropdown-Formularfelden, es können mögliche Eingabetexte aus einer Liste gewählt werden.

Zur nächsten Übung:

➢ Öffnen Sie den Übungstext Hbeitrag.dot. Mit Datei-Speichern unter können Sie gleich eine Kopie in Ihren Übungsordner erstellen.

   ↳ Beachten Sie, dass dies eine dot-Vorlagendatei bleiben soll, also als Word-Vorlage speichern. Dabei im aktuellen Word-Format speichern, damit alle Optionen zur Verfügung stehen, die Meldung bestätigen.

> Ergänzen Sie nach „Als Grund liegt vor:" mit diesem Symbol ein Kombinationsfeld.

Als·Grund·liegt·vor: Wählen·Sie·ein·Element·aus. ▼

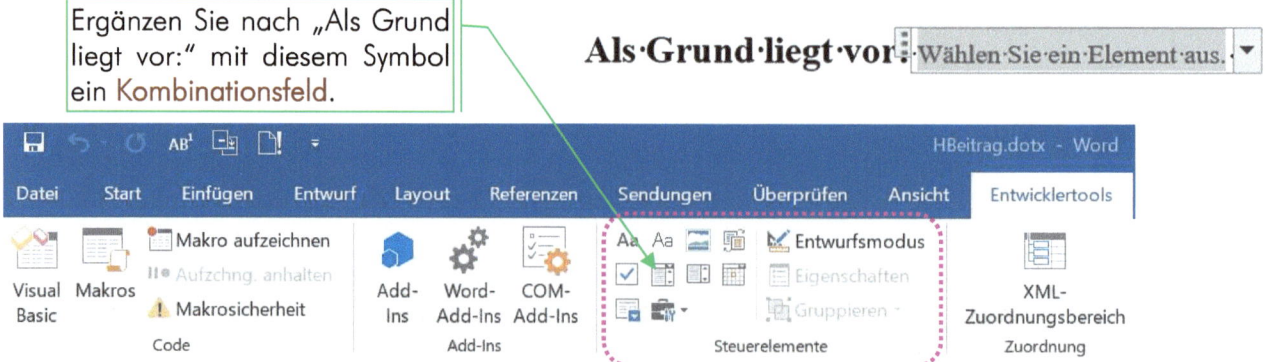

Jetzt müssen die Vorgabetexte erstellt werden.

> ➢ Das Feld anklicken und oben bei Entwicklertools Eigenschaften wählen:

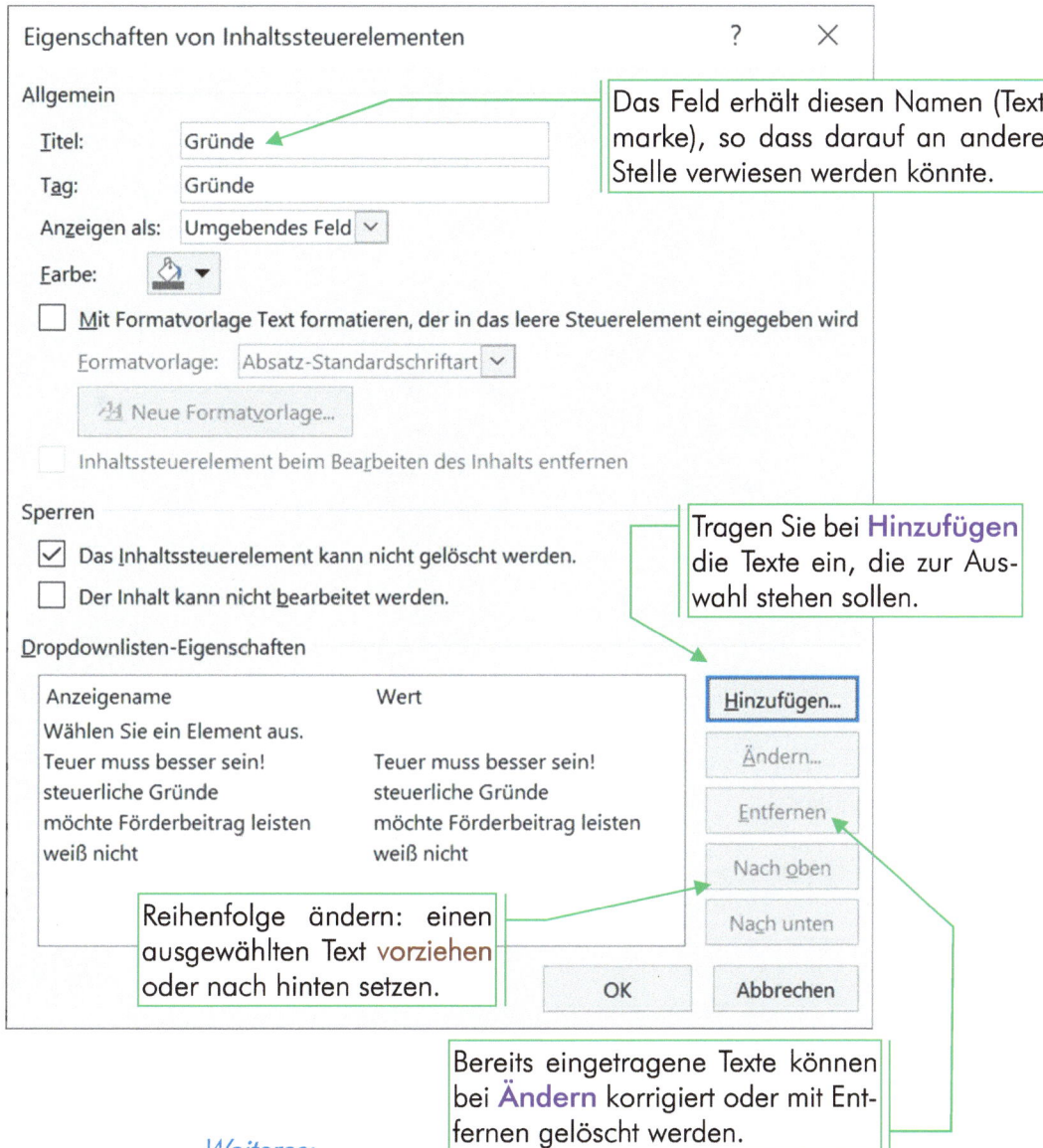

Eigenschaften von Inhaltssteuerelementen   ?   ✕

Allgemein

Titel: Gründe

Tag: Gründe

Anzeigen als: Umgebendes Feld ✓

Farbe: 🖌 ▼

☐ Mit Formatvorlage Text formatieren, der in das leere Steuerelement eingegeben wird

Formatvorlage: Absatz-Standardschriftart ✓

[🆕 Neue Formatvorlage...]

☐ Inhaltssteuerelement beim Bearbeiten des Inhalts entfernen

Sperren

☑ Das Inhaltssteuerelement kann nicht gelöscht werden.

☐ Der Inhalt kann nicht bearbeitet werden.

Dropdownlisten-Eigenschaften

Anzeigename	Wert
Wählen Sie ein Element aus.	
Teuer muss besser sein!	Teuer muss besser sein!
steuerliche Gründe	steuerliche Gründe
möchte Förderbeitrag leisten	möchte Förderbeitrag leisten
weiß nicht	weiß nicht

[Hinzufügen...]
[Ändern...]
[Entfernen]
[Nach oben]
[Nach unten]

[OK]   [Abbrechen]

> Das Feld erhält diesen Namen (Text-marke), so dass darauf an anderer Stelle verwiesen werden könnte.

> Tragen Sie bei Hinzufügen die Texte ein, die zur Aus-wahl stehen sollen.

> Reihenfolge ändern: einen ausgewählten Text vorziehen oder nach hinten setzen.

> Bereits eingetragene Texte können bei Ändern korrigiert oder mit Ent-fernen gelöscht werden.

Weiteres:

> ➢ Wenn Sie nicht im Entwurfsmodus sind, können Sie das Feld testen, in-dem Sie den Pfeil drücken und einen der vorgefertigten Texte auswählen.

> ➢ Den Rechtsgrundlage-Absatz am Ende mit kleinerer Schrift formatieren, so dass Platz entsteht

> ➢ und nach „Als Grund liegt vor" noch Felder für Name und Anschrift (Straße, PLZ, Ort) platziert werden können,

> ➢ dann noch eine Datum-Auswahlschaltfläche und Unterschrift,

> ➢ abschließend als Vorlage speichern.

Zum Formular fertigstellen:

> ➢ Zur Anwendung fertig wird das Formular, indem Sie die Dokumentvor-lage wieder schützen und speichern.

> ♦ Anschließend können neue Texte basierend auf dieser Vorlage begonnen werden, in denen nur die Felder ausgewählt werden können.

21. Berechnungen

Berechnungen können im Word nur in einer Tabelle durchgeführt werden.

♦ In einer Tabelle können Sie z.B. die Summe, die Mehrwertsteuer oder einen Rabattbetrag ausrechnen lassen.

♦ Rechenfehler gehören damit der Vergangenheit an,

♦ lästiges Nachrechnen und Neurechnen nach Ergänzungen ebenfalls: rechte Maustaste und „Feld aktualisieren" reicht aus.

21.1 Erstes Beispiel

In einer Händlerpreisliste sollen die Endpreise ermittelt werden:

Vierrädriges Auto, Modell XK Turbo, Preisbeispiel	
Grundpreis:	19.877,56 €
Sonderausstattung Lenkrad:	666,89 €
Einstiegstüren, abschließbar:	2.222,99 €
Kofferraumöffnung ausgefräst:	3.444,78 €
Paket Sicherheit: ABS, Airbag:	4.555,99 €
Paket Sauber: Duschvorhang, Kotflügel, Scheibenreiniger:	1.987,65 €
Metalliclackierung:	1.898,89 €
E n d p r e i s :	

Am Ende fehlt die Summe:

➢ Öffnen Sie die Übung Car Center Nirwana und setzen Sie den Cursor zu Endpreis, dann oben mittig Tabellentools anklicken und zur Kartei-karte Layout wechseln:

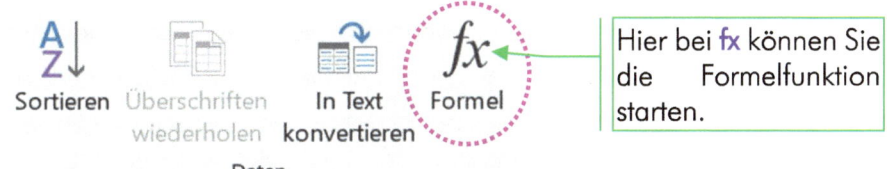

Hier bei fx können Sie die Formelfunktion starten.

Im Formelmenü die Formel und das Zahlenformat wählen:

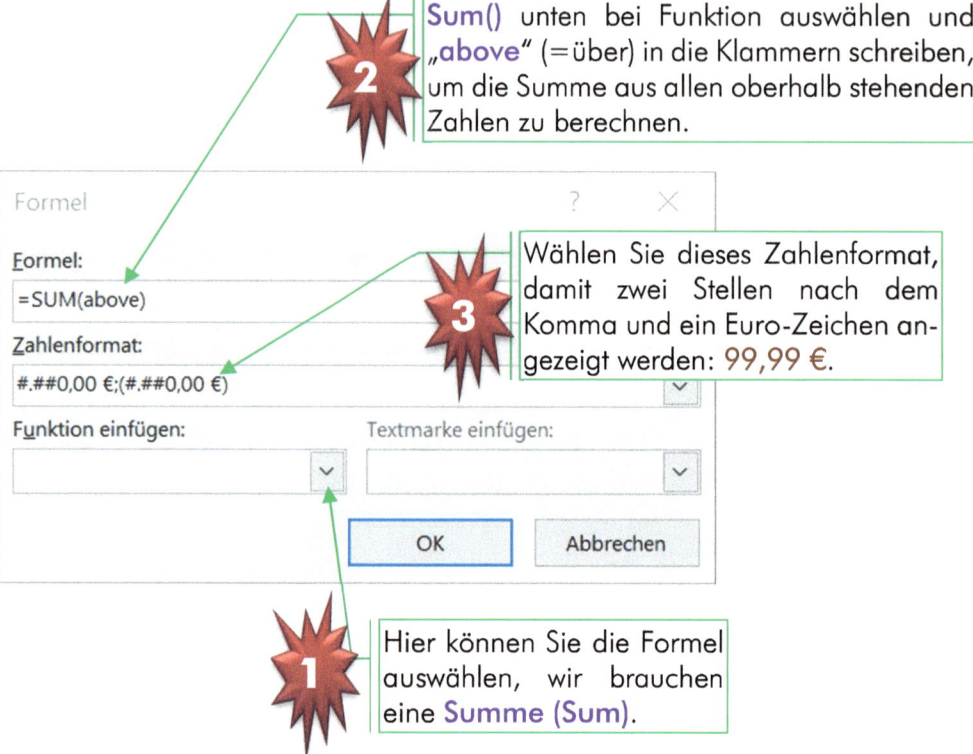

2 Sum() unten bei Funktion auswählen und „above" (=über) in die Klammern schreiben, um die Summe aus allen oberhalb stehenden Zahlen zu berechnen.

3 Wählen Sie dieses Zahlenformat, damit zwei Stellen nach dem Komma und ein Euro-Zeichen angezeigt werden: 99,99 €.

1 Hier können Sie die Formel auswählen, wir brauchen eine Summe (Sum).

Das war es. Sofern bei Ihnen auch 34.654,75 € angezeigt werden, tickt Ihr Rechner richtig. Wenn nicht, folgende Regeln für Berechnungen überprüfen.

21.2 Aktualisieren und Fehlerursachen

Bei Änderungen kann der Wert sehr einfach aktualisiert werden:

> ➢ rechte Maustaste über der Zahl drücken, Felder aktualisieren wählen.

> ➢ Mit der rechten Maustaste und Feldfunktionen ein/aus können Sie die Formel statt dem Ergebnis anzeigen. Es wird Sum(above) mit dem gewähltem Zahlenformat eingeblendet.

Aktualisieren

Einige der häufigsten Fehlerursachen bei Berechnungen im Word:

Fehlerquellen

- ◆ Wichtig: Bei Berechnungen darf die letzte Zeile nicht verbundene Zellen enthalten!

- ◆ Leere Zellen müssen bei Addition mit „0" und bei Multiplikation mit „1" ausgefüllt werden.

- ◆ Zusatzberechnungen in einer Tabelle führen zu falschen Ergebnissen.

  ↪ Deshalb in separaten Tabellen oder mit dem „Taschenrechner" (Start/Rechner) von Hand erstellen oder gleich ein Kalkulationsprogramm verwenden.

Bei umfangreichen Berechnungen ist MS Excel oder ein anderes Kalkulationsprogramm natürlich besser geeignet.

21.3 Kindergarten

Etwas größeres Beispiel: Für die Raumplanung sollen die nutzbaren Quadratmeter aus den Zimmermaßen ermittelt werden. Die von den Heizkörpern und Schränken belegten Flächen müssen abgezogen werden, was automatisch durchgeführt werden soll.

Neubau einer Kindertagesstätte und Kinderkrippe:

Vorberechnungen: Quadratmeterzahl - nicht nutzbarer Raum			
Kiga-Gr. 1	**Länge**	**Breite**	**Fläche**
Raum	7,76	7,01	54,4
Schrank 1	-1,45	1,23	-1,78
Schrank 2	-0,92	0,24	-0,22
Heizkörper 1	-1,45	0,06	-0,09
Heizkörper 2	-0,315	2,25	-0,709
		Ergebnis:	51,6010

- ➢ Öffnen Sie die Übung „Kindergarten".
- ➢ Tragen Sie bei Fläche folgende Formel ein: =Product(left).
  - ↳ Zur Erinnerung: Tabellentools, dann auf der Karteikarte Layout fx wählen und im Menü bei „Funktion einfügen" Product wählen, left in die Klammer schreiben.
  - ↳ Wenn Sie als Zahlenformat 0,00 wählen, wird auf zwei Stellen nach dem Komma gerundet.
- ➢ Diese Formel kopieren und in die anderen Zeilen einfügen, dann auf
- ➢ den kopierten Formeln rechte Maustaste und Feld aktualisieren.
- ➢ Bei Ergebnis =Sum(above) ergänzen.

> Weil das Minus bei der Spalte Länge eingetragen wurde, ist das Produkt automatisch negativ, so dass die gleiche Formel =Sum(above) benutzt werden kann.

Sie sehen, dass noch sehr viele andere Berechnungen möglich sind! Selbst Verweise auf berechnete Werte sind möglich, um ein Ergebnis an anderer Stelle einzufügen.

- ♦ Dazu ist der Wert mit einer Textmarke zu markieren: Einfügen/Textmarke,
- ♦ dann kann an anderer Stelle mit einem Querverweis darauf verwiesen werden: Einfügen/Querverweis oder Referenzen/Querverweis,
  - ↳ wobei mit „Verweisen auf: Textmarkeninhalt" das Formelergebnis eingefügt wird.

22. Ein Makro

Normalerweise führen Sie einen einzigen Befehl aus. Oft wiederholen sich diese Befehle, so dass Sie immer wieder identische Befehlsfolgen eingeben müssen.

Das kann Word für Sie übernehmen, indem Sie diese Befehle als Makro abspeichern. Wenn dieses Makro ausgeführt wird, wiederholt Word den ganzen Ablauf genauso, wie Sie die Befehle eingegeben haben.

Wofür Makros? Einige Anwendungsbeispiele:

- ◆ Häufig, um Datenbestände umzuformatieren oder um Texte, die in anderen Programmen erstellt wurden, auf Word anzupassen:

  - ✎ um dabei Steuerzeichen, die Word nicht erkennt, durch die passenden Formatierungen zu ersetzen.

- ◆ Das kann zwar mit dem sehr leistungsfähigen Suchen und Ersetzen-Befehl ebenso erledigt werden,

  - ✎ aber ein Makro lohnt sich, wenn Umformatierungen regelmäßig erforderlich sind, z.B. weil Sie immer wieder solche Texte von einer anderen Firma erhalten.

- ◆ Sie haben einen Farbdrucker gekauft und möchten nun alle bisher nur schwarzweiß eingerichteten Texte auf Farbe umstellen.

  - ✎ Das können etliche Aktionen sein, z.B. Kopfzeile, Seitenzahlen und Überschriften farbig, Formatvorlage Zitat mit farbigem Hintergrund und Rahmen, Aufzählungszeichen in einer anderen Farbe usw.

  - ✎ Natürlich werden die Änderungen in den Formatvorlagen eingetragen, aber anstatt bei jedem Text diese Schritte von Hand auszuführen, kann ein Makro erstellt werden, das die Änderungen in den Formatvorlagen vornimmt.

  - ✎ Dieses Makro führen Sie aus, sobald Sie einen Text aufrufen, und die Formatvorlagen sind farbig angepasst.

- ◆ Wenn die Serienbrief-Funktion nicht einsetzbar ist, weil die Daten aus mehreren Datenquellen zusammengestellt werden sollen.

  - ✎ Hier kann eine Spezialkonstruktion mit einem Makro helfen, was an dem zweiten Beispiel veranschaulicht wird.

22.1 Makro erstellen

Gehen wir davon aus, dass Sie sich einen Farbdrucker gekauft haben und jetzt sollen die Überschiften bunt und die vormals grau eingestellten Rahmen und Schattierungen farbig eingestellt werden.

Damit Sie diese Vorgänge nicht bei jedem Text neu durchführen müssen, wird ein Makro erstellt.

➢ Öffnen Sie den „Beispieltext Makro".

Wir wollen folgendes als Makro einstellen:

- ◆ Die Überschriften sollen dunkelblau eingestellt werden.
- ◆ Die Absätze mit der Formatvorlage Zitat sollen dunkelrote Schrift erhalten und eine gelbe Rahmenlinie.

Vorgehen:

➢ Makros finden Sie im Menü Ansicht sowie ausführlicher bei den Entwicklertools:

Wie die Karteikarte Entwicklertools aktiviert werden kann, wurde im Kapitel 20.1 auf Seite 113 beschrieben.

    Visual Basic   Makros   Makro aufzeichnen
    Aufzchng. anhalten
    Makrosicherheit
    Code

➢ Wählen Sie Makro aufzeichnen.

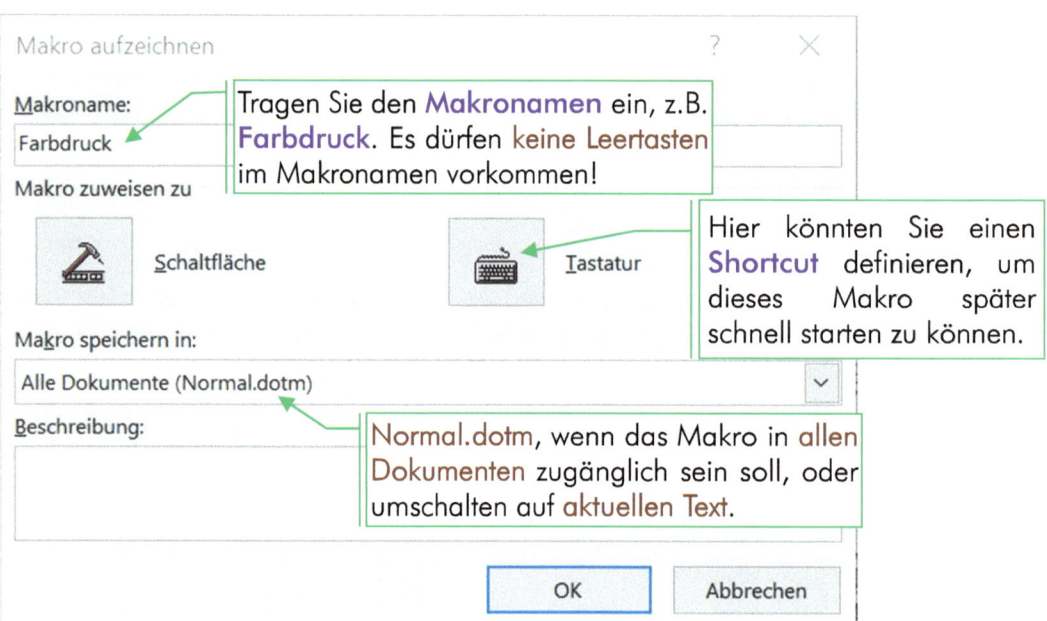

➢ Eine Kassetten-Symbol an der Maus zeigt an, dass nun das Makro aufgenommen wird.

Jetzt nehmen Sie die Formatierungen wie üblich vor, bloß mit dem Unterschied, dass nun jeder Schritt in dem Makro festgehalten wird:

- ➢ Formatvorlagen-Menü öffnen, dann für die Überschrift1 und 2 bei Format-Schriftart als Schriftfarbe dunkelblau einstellen.
- ➢ Bei der Formatvorlage Zitat die Textfarbe Rot und Rahmenfarbe Orange wählen, dann „Aufzeichnung beenden".

    Aufzeichnung beenden
    Aufzchng. anhalten
    Makrosicherheit

22.2 Makro ausprobieren

Der Text wurde mit dem Erstellen des Makros bereits formatiert.

Makros

> Damit wir das Makro ausprobieren können, mit zweimal Rückgängig den Text in den Originalzustand versetzen.

> Makro-Menü öffnen, dann das Makro Farbdruck auswählen und auf Ausführen drücken.

In dem Menü finden Sie Ihr neues Makro und können einen der rechts aufgeführten Befehle anwenden, z.B. das Makro erneut ausführen oder löschen.

Jetzt wird der Text automatisch wie in dem Makro angegeben formatiert. Dieses Makro können Sie nun auch in jedem anderen Text ausführen.

♦ Mit Einzelschritt oder Bearbeiten (=Debuggen bei einer Fehlermeldung) gelangen Sie zu dem Visual Basic-Editor und könnten dort das Makro ändern (Visual Basic-Kenntnisse vorausgesetzt).

22.3 Makros organisieren, rationalisieren

♦ Im vorigen Makro-Menü könnten Sie bei Organisieren ein Makro zu anderen Dokumentvorlagen kopieren. Makros werden üblicherweise in der Makrovorlage normal.dotm gespeichert.

> Wenn Sie Makros erstellt haben, sollten Sie diese Vorlagen in Ihre Datensicherung einbeziehen, damit die Makros nach einer Neuinstallation nicht verloren sind:
> C:\Benutzer\Benutzername\AppData\Roaming\Microsoft\Templates

Um ein Makro beliebig oft zu starten, empfiehlt es sich, eine Tastaturabkürzung (Shortcut) für das Makro zu vergeben.

♦ Das geht entweder bereits vor dem Aufzeichnen mit der Schaltfläche Tastatur oder leider sehr versteckt bei den Word-Optionen.

Nachträglich eine Tastaturabkürzung zuweisen:

> Wählen Sie bei Datei ganz unten Optionen, links Menüband anpassen, dann rechts unten bei Tastenkombinationen die Schaltfläche Anpassen.

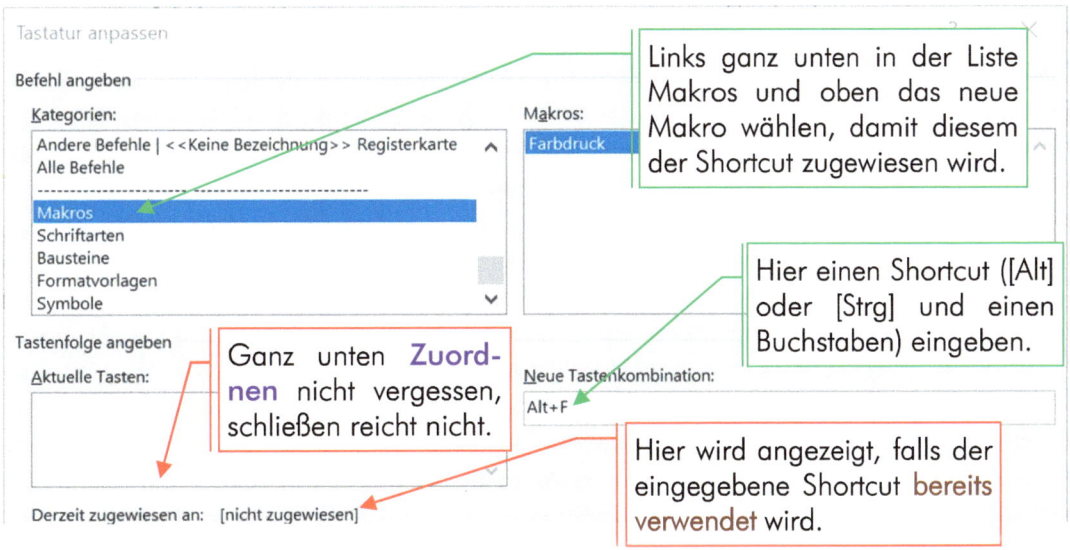

22.4 Makro zum Datenabgleich

♦ Ein Musiklehrerverein möchte einmal jährlich die Adressen der Mitglieder aktualisieren, ggf. korrigieren und online einstellen. Aus diesem Grund werden alle angeschrieben, dabei wird der Adresseneintrag des letzten Kalenders auf dem Anschreiben zu Kontrolle gedruckt.

♦ Weil der im Katalog abgedruckte Text nicht nur die Adresse, sondern zusätzliche Informationen aus einer zweiten Datenbank enthält, müssen die Daten für jeden Serienbrief aus zwei verschiedenen Datenbänken entnommen werden – zu viel für die normale Serienbrief-Funktion.

Makro erstellen:

➢ Kopieren Sie den Ordner Makro zu Makro-Kopie, da wir bei der Ausführung Daten löschen werden, öffnen Sie aus dem kopierten Ordner Makro-Kopie alle drei Texte: Brief Katalog, Adressen Katalog und Eintrag Katalog.

Jetzt wird die erste Adresse eingefügt. Gehen Sie wie folgt vor:

➢ Startposition einnehmen: Cursor im „Brief Katalog" ganz oben setzen, dann Ansicht/Makros/Makro aufzeichnen, als Name „KatalogEintrag", dann bei Ansicht/Fenster wechseln zu Adressen Katalog umschalten.

➢ Markieren Sie den ersten Adressen-Absatz mit [Strg]-[Umschalt]-Richtungstaste nach unten, dann diesen Absatz mit [Strg]-X ausschneiden.

➢ Jetzt bei Ansicht/Fenster wechseln zu dem Brief Katalog zurück wechseln.

➢ Acht Mal mit Richtungstaste nach unten zu der Adresse wandern, diese mit [Strg]-[Umschalt]-Richtungstaste nach unten markieren und mit [Strg]-V mit der aktuellen Adresse überschreiben.

Nach der ersten Adresse folgt der Katalogeintrag:

Das war der erste Teil, die Adresse. Wir wählen immer Ausschneiden statt Kopieren, damit anschließend mit der gleichen Vorgehensweise die nächste Katalogadresse eingefügt wird. Jetzt folgt der Katalogeintrag:

➢ Ansicht/Fenster wechseln zu Eintrag Katalog, wieder mit [Strg]-[Umschalt]-Richtungstaste nach unten den ersten Eintrag markieren und ausschneiden ([Strg]-X), bei Fenster wechseln zurück zu Brief Katalog.

➢ 15 Mal nach unten, dann [Pos1] drücken und den Absatz mit [Strg]-[Umschalt]-Richtungstaste nach unten markieren und [Strg]-V.

➢ Der Brief ist nun fertig, Adresse und der Text sind eingetragen, so dass wir diesen Brief nun über das Drucken-Symbol ausdrucken können.

➢ Zum Abschluss mit [Strg]-[Pos1] wieder zur Startposition, damit der nächste Durchlauf genauso abläuft, dann Aufzeichnung beenden.

Makro mehrfach ausführen:

Auf diese Art können Sie jedoch ein Makro ohne Visual Basic Programmierkenntnisse trotzdem mehrfach ausführen:

➢ Erstellen Sie einfach ein weiteres Makro, welches das erste Makro z.B. zehnmal startet. Diesem Makro einen Shortcut zuweisen, damit das Makro leicht gestartet werden kann.

23. Suchen und Organisieren

Wir beschreiben im Folgenden einige Wege, Dateien zu suchen. Das kann für Sie sehr nützlich sein, denn wenn Sie beim Speichern versehentlich in einen falschen Ordner oder mit falschem Dateinamen gespeichert haben, kann es problematisch sein, eine Datei wiederzufinden.

23.1 Die verschiedenen Suchmöglichkeiten

Dateien öffnen:

- ♦ Wenn Sie Ihren Text nicht wiederfinden, können Sie im Word bei Datei/Öffnen nachsehen, hier werden die vier zuletzt gespeicherten Texte angezeigt.

    ↳ Falls der Text hier angezeigt wird, können Sie hier nachsehen, wo der Text versteckt ist: Text öffnen,

    ↳ Datei/Speichern unter, nur den Speicherort merken, dann abbrechen, Text schließen und dann im Windows Explorer in den richtigen Ordner verschieben.

- ♦ Im Menü Datei/Öffnen können Sie auch bei Durchsuchen Dateien markieren und dann mit der rechten Maustaste umbenennen oder löschen.

Dateien suchen:

- ♦ Wie Sie in einem Text suchen können, geht mit Suchen (Start/Bearbeiten/Suchen) ganz einfach und wurde auf Seite 68 behandelt.

- ♦ Hier geht es darum, verschwundene Dateien wiederzufinden,

    ↳ im Windows: rechte Maustaste auf dem Startsymbol/Suchen,

    ↳ im Windows Explorer oder im Word bei Datei/Öffnen/Durchsuchen.

Links das Laufwerk/den Ordner wählen, dann oben einen Suchbegriff eintragen, etwa Monatsbericht.

23.2 Die Dokumenteigenschaften

♦ Bei den Dokumenteigenschaften können weitere Informationen zu jedem Text gespeichert werden, nach denen später gesucht werden kann: Autor, Thema, Kategorie usw.

♦ Um die Eigenschaften anzuzeigen oder einzutragen, wählen Sie Datei, rechts finden Sie Informationen zu dem aktuellen Dokument – Sie können hier auch Eintragungen vornehmen oder ändern.

23.2.1 Erweiterte Dokumenteigenschaften

Gut versteckt, können Sie das Menü mit den erweiterten Dokumenteigenschaften hier bei den Dokumenteigenschaften öffnen:

Die „Erweiterten Eigenschaften":

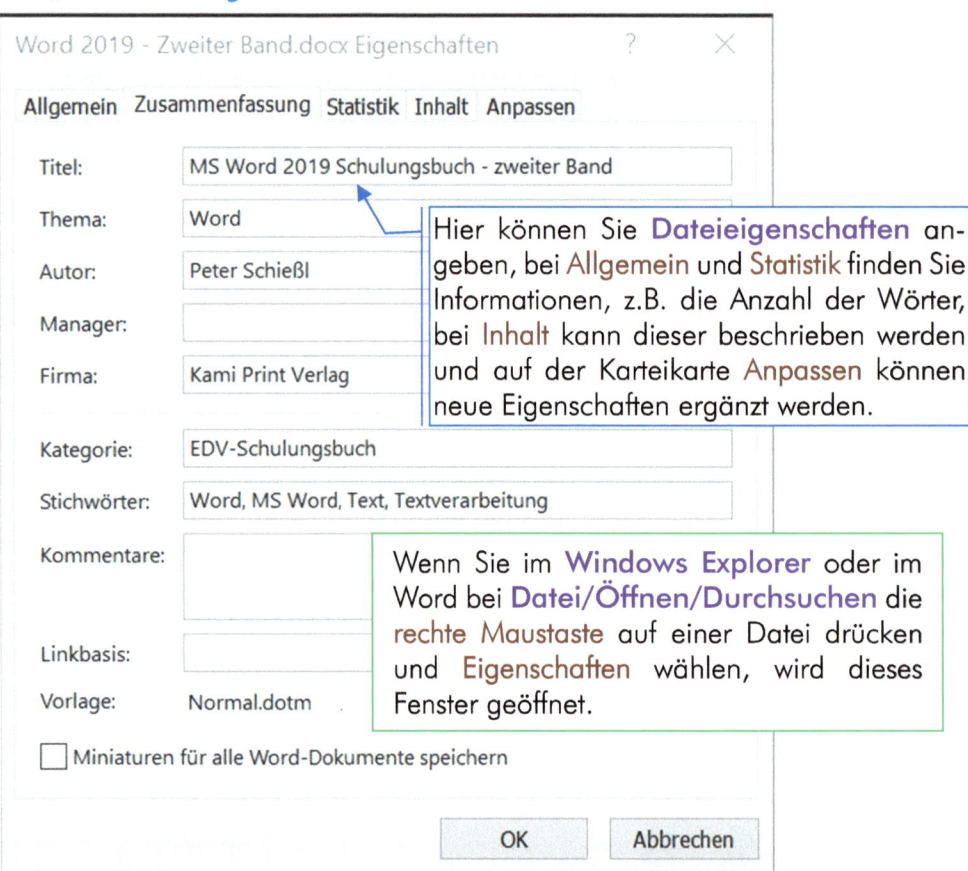

24. Index

25. Shortcuts

25.1 Standard-Shortcuts

[Strg]-n	Neuen Text	[Strg]-x	Ausschneiden
[Strg]-o	Text öffnen	[Strg]-c	Kopieren
[Strg]-s	Speichern	[Strg]-v	Einfügen
[Strg]-p	Drucken-Menü öffnen.	F1 oder ?	Hilfe
[Strg]-z	Rückgängig		

25.2 Ausgewählte Shortcuts für längere Texte

[Strg]-[Pos 1]	Zum Anfang.
[Strg]-[Ende]	Zum Ende des Textes.
[Strg]-[Return]	Seitenwechsel einfügen.
[Strg]-Bindestrich	Manuelle Silbentrennung.
Markieren:	
[Umschalt]-Richtungstasten-Bildtasten	Markieren (von der aktuellen Cursorposition aus).
[Strg]-[Umschalt]-[Pos 1] / -[Ende]	von der aktuellen Cursorposition bis zum Textanfang, bzw. -ende markieren.
[Strg]-a	Alles markieren.
Wichtige Fenster:	
[Strg]-g	Öffnet das Gehe zu-Fenster.
[Strg]-f	Öffnet das Suchen-Fenster.
[Strg]-h	Öffnet das Ersetzen-Fenster.
Formatvorlagen:	
[Strg]-[Alt]-[Umschalt]-s	Öffnet das Formatvorlagen-Menü.
[Alt]-1, -2, -3	Weist die Formatvorlagen Überschrift 1, 2 oder 3 zu.

25.3 Weitere Shortcuts

Abschließend haben wir eine Auswahl an Shortcuts abgedruckt. Eine komplette Zusammenstellung finden Sie in der Hilfe von MS Word.

Auswahl Funktionstasten:

F1   Hilfe
F4   Wiederholen des vorhergehenden Vorgangs.
F5   Wählen des Befehls Gehe zu
F7   Wählen des Befehls Rechtschreibung (Menü Überprüfen)
F8   Markierung erweitern: es kann dann mit den Richtungstasten von der aktuellen Cursorposition aus markiert werden oder durch mehrmaliges Drücken von [F8] zuerst das Wort, dann der Absatz, der Absatz inklusive Absatzmarke und das ganze Dokument markiert werden. Mit [Esc] wieder abschalten.
F9   Aktualisieren markierter Felder.
F12 Wählen des Befehls Speichern unter

Auswahl Kombinationen mit der [Umschalt]-Taste:

UMSCHALT+F3   Ändern der Groß-/Kleinschreibung der Buchstaben
UMSCHALT+F4   Wiederholen von Suchen oder Gehe zu

Sinnvolle Kombinationen mit der [Strg] und [Umschalt]-Taste:

STRG+UMSCHALT+F5   Bearbeiten einer Textmarke
STRG+UMSCHALT+F6   Gehe zum vorherigen Fenster
STRG+UMSCHALT+F7   Aktualisieren verknüpfter Daten in einem Microsoft Word-Quelldokument
STRG+UMSCHALT+F8   in Rechteckform markieren (drücken Sie dann die Pfeiltasten)
STRG+UMSCHALT+F9   Aufheben einer Feldverknüpfung

Auswahl Kombinationen mit der [Alt]-Taste:

ALT+F1   Zum nächsten Feld
ALT+F3   Erstellen eines AutoText-Eintrags (Text muss markiert sein)
ALT+F4   Beenden von Microsoft Word
ALT+F7   Suchen des nächsten Rechtschreib- oder Grammatikfehlers
ALT+F8   das Makro-Fenster erscheint, aus dem ein Makro gestartet werden könnte.
ALT+F9   Wechselt für alle Felder zwischen Feldfunktion / Ergebnis
ALT+F10   ein Fenster erscheint, in dem alle grafischen Elemente der aktuellen Seite angezeigt werden. Durch Klicken auf das Auge kann ein Element unsichtbar geschaltet werden.
ALT+F11   Anzeigen des Microsoft Visual Basic-Codes. Dieses Fenster kann mit dem X-Symbol einfach wieder geschlossen werden.

Quelle: MS Word Hilfe, Suche nach „Tastenkombinationen", dann ganz unten in der Liste. An dieser Stelle finden Sie alle verfügbaren Shortcuts aufgelistet.